Franziska Eder

Ist von selbst gekommen, wird auch von selbst wieder vergeh'n

Erinnerungen an mein Leben

Verlag und Druck:
tredition GmbH
Halenreie 40-44
22359 Hamburg

Umschlaggestaltung: Fritjof Wild, serviervorschlag.de

ISBN
Paperback: 978-3-7482-1013-9
Hardcover: 978-3-7482-1014-6
e-Book: 978-3-7482-1015-3

Für meine Enkel
Hannah, Stefan und Florian

2016

Mein neunzigster Geburtstag

Gegen alle Gewohnheit habe ich meinen Geburtstag gefeiert. Ein paar Monate, bevor ich am 11. August 90 Jahre alt wurde, rief mich mein Sohn an und eröffnete mir, dass der denkwürdige Anlass begangen werden solle, solange aus meiner Generation noch jemand lebt. Von meiner Seite gibt es nur meinen Stiefbruder, mit dem ich nie viel zu tun hatte. Aber weil die Geschwister meines Mannes auch schon bald alle in den Achtzigern und darüber hinaus sind, habe ich mich überreden lassen. Wer weiß, wie groß der Kreis noch sein wird, wenn ich meinen Hundertsten feiern will. So haben sie mir in der Nähe, wo ich aufgewachsen bin, eine Feierlichkeit mit Musik und Tanz ausgerichtet, die am Ende sehr lustig war.

Den Besuch in der Heimat haben meine Tochter und ich mit einer kleinen Rundreise verbunden, um zu sehen, wie es in Oberbuch (alle haben immer nur „Buch" gesagt und das tue ich hier meistens auch) jetzt aussieht, und ob es den Kreuzweg von der Wallfahrtskapelle Maria Hilf auf dem Frauenberg ins Donautal hinab noch gibt. Auf dem bin ich als kleines Mädchen zur Schule gelaufen.

In Buch gab es nicht viel zu sehen. Die drei Höfe lagen noch da wie früher. Ein paar neue Gebäude sind hier und da dazugekommen. Anderes ist abgerissen worden. Leute waren nicht unterwegs. Wir hatten keine Absicht, einen Verwandtschaftsbesuch zu machen und haben daher nur kurz angehalten, um einen neugierigen Blick in die Einfahrt des in die Jahre gekommenen Müllerbauernhofes zu werfen und das neue Wohnhaus, das der Sohn meines Stiefbruders für seine Familie auf der anderen Straßenseite gebaut hat, in aller Kürze zu begutachten. Danach sind wir den Weg, den wir gekommen sind, zurückgefahren und am oben gelegenen Ortsrand von Pleinting nach rechts zur Maria Hilf-Kapelle abgebogen, die hier schön im Halbschatten hoher Buchen steht. Auf einer Bank in der Nachmittagssonne haben wir ein wenig verweilt. Hinter dem Kirchlein steht ein Kreuz, das, wie eine Erinnerungstafel informiert, einmal an der Todesstelle von König Ludwig II von Bayern im 130 Kilometer entfernten Starnberger See gestanden hat, 1986 von Frevlern abgesägt und 1987 hier wieder aufgestellt wurde. Die zwölf Bitttafeln mit den Stationen des Leidensweges Christi stehen noch aufgereiht an der steilen Treppe mit ihren unregelmäßig ausgetretenen Steinstufen, die als Abkürzung durch das lichte Wäldchen zum Markt Pleinting hinunterführt.

Es ist ein beschaulicher Nachmittag, an dem mich diese Umgebung, die sich in den vielen Jahrzehnten so verändert hat und doch die Gleiche geblieben ist, in meine frühe Kindheit zurückholt. Die Eindrücke erinnern mich plötzlich daran, dass ich immer schon mal sehen wollte, wo eigentlich der Pommerhof liegt, der Bauernhof auf der anderen Donauseite, von dem meine Großmutter herstammte. Und weil wir Zeit haben und nichts drängt, nehmen wir den Weg hinunter zur Bundesstraße 8 in Richtung Passau und überqueren bei Vilshofen die Donaubrücke. Auf der anderen Seite geht es ein Stück in die Gegenrichtung; dann fangen wir an, uns nach Gelbersdorf umzusehen. Rechts führt der Weg hinauf nach Hilgartsberg, wo die Großmutter als Kind zur Kirche und zur Schule gegangen ist. Noch heute ist die Burgruine ein gern besuchter Ausflugsort, mit einem grandiosen Ausblick über das Donautal und einem Ausflugslokal, das mit frischem Bier aus der örtlichen Brauerei lockt. Seit ein paar Jahren findet hier oben in der Adventszeit immer ein mittelalterlicher Weihnachtsmarkt statt. Jetzt im Sommer sind die fest gebauten Holzbuden verschlossen.

Gleich hinter der Abzweigung nach Hilgartsberg steht auch schon das grüne Ortsschild, das den Weiler Gelbersdorf als Ortsteil von Hofkirchen ausweist. Das Tal weitet sich und die Straße entfernt sich von der Donau. Da liegt ein großer Hof gleich an der Straße, die nach Hofkirchen weiterführt. Hühner laufen in der Einfahrt, Katzen räkeln sich in der Nachmittagssonne. Neben dem eingezäunten Gemüsegarten dösen wohlgenährte Kaninchen in einem großzügigen Auslauf. Der Hof steht voll schwerer landwirtschaftlicher Maschinen.

Auf dem Balkon zur Straße hin ist ein alter Mann auf unser Auto aufmerksam geworden, in dem wir unschlüssig vor seiner Einfahrt herumstehen. Er steht auf und beugt sich über das Geländer. Meine Tochter steigt aus, um nach dem Weg zu fragen.

„Grüß Gott, wir suchen den Pommerhof"

„Den Pommerhof? Ja, dös is ja der Pommerhof. Was wollt's denn?"

„Die Großmutter von meiner Mama stammt vom Pommerhof. Und weil wir grad' in der Gegend sind, wollten wir schau'n, ob wir ihn finden."

„Ja, da seid's scho richtig. Kommt's halt rein."

Bis das Auto geparkt ist, hat der Mann unten die Haustür aufgemacht. Ich stelle uns vor und erzähle, wie es kommt, dass ich auf der Suche nach den Wurzeln meiner Großmutter Katharina Eder, gebürtige Schneider vom Pommerhof, bin. Der Mann, der uns gleich freundlich hereinbittet und bewirtet, ist der Xaver Schneider in so-und-so-vielter Generation. Es wird geklärt, dass sein Großvater, auch ein Xaver Schneider, Bauer auf dem Pommerhof, der Bruder meiner Großmutter Katharina war. Er ist also mein Cousin zweiten Grades, dem ich ohne Vorwarnung ins Haus geschneit bin, und den ich jetzt in beiderseits fortgeschrittenem Alter kennenlerne. Er lebt mit seiner Frau im Altenteil. Den Hof hat der 82jährige schon lange seinem Sohn Franz-Xaver übergeben. Dessen Sohn, etwa so alt wie meine eigenen Enkel, haben sie Matthias genannt und damit eine lange Folge von Erstgeborenen des Namens Xaver Schneider beendet. Nacheinander kommen andere Familienmitglieder dazu, neugierig, was da für ein Besuch beim Großvater angekommen ist. Der Nachmittag vergeht damit, dass wir alle zusammen diese ganz neu ans Licht gekommenen Verwandtschaftsverhältnisse drehen und wenden. In unseren Köpfen stöbern wir nach Erinnerungen an Menschen und Ereignisse, die der alte Xaver Schneider und ich selbst noch erlebt haben, und solchen, die wir noch vom Hörensagen kennen. Bei den vielen „Xavern" auf der Pommerseite ist es gar nicht leicht, den Überblick zu behalten. Alte Fotos sind leider nicht mehr da, aber Franz-Xaver verspricht, sich in der weiteren Verwandtschaft umzuhören, ob noch jemand Bilder oder Dokumente hat. Die „Jungen" tauschen E-Mail-Adressen aus; der frische Kontakt soll gepflegt werden. Schließlich verabschieden wir uns herzlich von unserer neu entdeckten Verwandtschaft, die uns nach diesem Nachmittag so vertraut ist, als würden wir uns schon immer kennen. Ich fühle mich an das herzensgute Wesen meiner Großmutter erinnert. Charaktereigenschaften, die nicht selbstverständlich sind, wie ich früh in meinem Leben feststellen musste.

Weil dieser Nachmittag die Zeit zurück bis zur Jugend meiner Großmutter, also weit mehr als 100 Jahre, hat so lebendig werden lassen, möchte ich die Erinnerungen daran aufschreiben und meinen Enkeln hinterlassen, deren Welt so ganz anders geworden ist, als meine Großmutter, meine Mutter und ich sie erlebt haben.

1926 – 1934

Allererste Bilder

Es blitzt und kracht. Eine Sturmbö fegt über das Anwesen und hebt mit ungeheurem Geschepper einen Teil des Wohnhausdaches ab. Schwarze Wolken verfinstern den Tag, als ob gleich die Welt untergeht. Einen Moment lang leuchtet es taghell auf, gleich darauf poltert Donnerschlag direkt über dem Haus. Stundenlang geht das so. Es will gar nicht mehr aufhören. Kaum scheint es, als ob der Abstand zwischen Aufleuchten und Donnergrollen größer wird, da dreht das Unwetter, Blitz und Donner sind wieder ganz nah, der Wind nimmt noch einmal Fahrt auf.

Ich bin drei Jahre alt und die Bilder von der Naturgewalt, die draußen vor dem Fenster tobt, sind meine allererste Erinnerung. Außer mir ist der Großvater in der großen Bauernstube. Er betet. Wenn es besonders laut gekracht hat, geht er hinaus und schaut, ob es irgendwo eingeschlagen hat. Die anderen sind vielleicht im Stall, um die Viecher zu beruhigen oder haben sich versteckt. Angst habe ich nicht. Eher staune ich über dieses Naturspektakel.

Es war ein Jahrhundertunwetter, das an diesem schwülen Sommertag im August 1929 über weiten Teilen Bayerns niederging. Die Leute redeten noch lange davon, und obwohl das jetzt bald 90 Jahre her ist, sehe ich alles noch ganz genau vor mir.

Nicht lange danach hat es beim Kodek gebrannt. Der Hof, den man passierte, wenn man aus Oberbuch in Richtung Vilshofen weiterfuhr, stand auf einer Anhöhe. Es war tagsüber und trotzdem war weithin zu sehen, wie das Feuer lichterloh aus den Fenstern schlug. Das Dach stand in hellen Flammen. Der Wind trieb schwarze Rauchschwaden über die Gegend. Ich stand zuhause am Fenster und beobachtete das Spektakel, das ich bis heute nicht vergessen habe.

Ein gutes halbes Jahr später: Ich bin immer noch keine vier Jahre alt, aber auch dieses Bild hat sich fest in meinem Kopf eingebrannt: Ein paar Männer tragen eine kleine Holztruhe aus dem Haus. Die Leute in der Stube haben ernste Gesichter. Keiner sagt ein Wort. Noch am Abend zuvor hatte meine Tante mit einem kleinen Mädchen in der Stube gestanden, das ihr matt in den Armen hing. Das Kind war meine Schwester Mathilde. Jetzt lag sie tot in dem kleinen Sarg. Sechsjährig ist sie im Frühjahr 1930 an der Diphterie gestorben. Ich spürte keine Trauer, weil ich nichts vom Tod wusste. Nur dass Mathild, wie sie gerufen wurde, nicht mehr kommen würde, habe ich verstanden. Und dass sie ihre Puppe nicht mehr brauchen würde, die ich so schön fand, und um die ich mich jetzt so gern gekümmert hätte. Lange habe ich nach ihr gesucht, in allen

Schränken, unter den Betten und auf dem Dachboden. Heute denke ich, dass man ihr die Puppe in Grab mitgegeben hat.

* * *

Ich erkrankte nicht. Ich wuchs auf wie eine kleine Katze, die gutes Futter bekam, gestreichelt wurde, ein warmes Nest hatte. Ich war ein stilles Kind, das immer mehr dachte, als es sagte, wenig fragte und das meiste alleine verstehen lernte. Die Geschwister meiner Mutter waren immer freundlich zu mir, die Großmutter hat mich mit Leckereien verwöhnt. Der Großvater nahm mich auf dem Einspänner mit, wenn er Geschäftliches im nahegelegenen Markt Pleinting oder in der Umgebung zu erledigen hatte. Der Müllerbauernhof in Oberbuch war ein großer, wohlhabender Bauernhof, der keine materiellen Sorgen kannte. Dort bin ich am 11. August 1926 in der Mittagszeit, als die Sonne am höchsten stand, zur Welt gekommen, und dort war meine Heimat. Ich verlebte eine schöne Kindheit dort. Meine Mutter war eines von acht Geschwistern und half, den elterlichen Hof zu bewirtschaften. Es ging friedlich und harmonisch zu und ich kann mich nicht daran erinnern, dass je ein böses Wort gesprochen wurde. Die Güte und ruhige Heiterkeit dieser Menschen haben mich geprägt und ganz besonders die Herzlichkeit der Großmutter.

Es war nicht selbstverständlich, dass man mir so liebevoll begegnete. Schließlich war ich das jüngere von gleich zwei Kindern, die meine Mutter Maria Eder unehelich zur Welt gebracht hat. Selten war das damals nicht. Trotzdem war es natürlich im katholischen Niederbayern eine Schand' für die ledige Mutter und die ganze Familie. Und auch wenn man es auf dem Müllerbauernhof mit der Religiosität nicht übertrieben genau nahm, so war man doch gottesfürchtig. Meine Mutter wird also einen schweren Stand gehabt haben und als schwarzes Schaf der Familie durchs Leben gegangen sein. Dabei hätte sie den Vater ihrer beiden Kinder durchaus gern geheiratet, wenn es der Großvater erlaubt hätte.

1868 – 1925

Der Großvater

Peter Eder kam am 3. April 1868 auf dem Einödhof Bichlberg nahe der Gemeinde Garham im Bayerischen Wald zur Welt. Von den fünf Geschwistern wurde sein jüngster Bruder Franz Bauer auf dem elterlichen Hof.

Josef Eder, Bruder von Großvater Peter; auf dem Pferd sein Neffe Franz

Hans und Josef blieben ledig auf dem Hof. (Unverheiratete Geschwister waren gern gesehen. Man brauchte keine Mitgift für sie aufzubringen und sie waren willkommene Arbeitskraft.) Die Schwester Katharina heiratete den Xaver Schneider aus Gelbersdorf. Der wiederum war der Bruder von Peters späterer Braut, die auch Katharina hieß. Peter erbte den Müllerbauernhof in Oberbuch, der jenseits der Donau auf der gegenüberliegenden Hochebene lag.

Die Einöden und Weiler, die hier oben in den Ausläufern des Bayerischen Waldes verstreut sind, gehören alle zum Markt Hofkirchen, der unten an der Donau gelegen ist. Von Bichlberg aus geht es in nördlicher Richtung den Albersberg steil hinab, geradewegs auf die Donaubrücke bei Vilshofen zu. Auf der anderen Seite folgt man der Donau ein Stück weit flussaufwärts bis Pleinting, wo die Straße nach Nordosten ansteigend abzweigt. Oberbuch liegt an der Straße nach Alkoven. Der Müllerbauernhof war der am höchsten gelegene von drei Höfen.

Ursprünglich gehörte er Verwandten vom Peter, seinem Onkel Josef Eder und dessen Frau Anna, die gegen Ende des vorletzten Jahrhunderts das Austragsalter erreicht hatten. Zwei Söhne waren da, aber sie sollen nicht solide gewesen sein und sind beide schon in jungen Jahren an der Lungentuberkulose gestorben. Die Großmutter hat später einmal erzählt, sie haben sich „totgetanzt".

Zwei Grabsteine auf dem Familiengrab. Der rechte erinnert an meinen Großvater und meine Schwester. „Hier ruht in Gott Herr Peter Eder, Erbhofbauer Oberbuch, gest. 20. Mai 1937, im 70. Lebensj.", „Mathilde Eder, * 27.11.1924, gest. 13.3.1930 (rechts) und an die Vorbesitzer des „Müllerbauernhofes: „Josef Eder, Bauer in Oberbuch, welcher nach Empfang der heiligen Sterbesakramente am 16. Mai 1895 im 67 Lebensjahr sanft im Herrn verschieden ist. Und dessen Ehegattin Anna Eder, gest. am 22. Dez. 1901 im Alter von 74 Jahren" (links). In demselben Grab ruhen auch die jung verstorbenen Söhne von Josef und Anna. Die Inschrift ist nicht erkennbar. Die Grabsteine existieren nicht mehr.

Der Hof brauchte also einen Nachfolger und da kam nun der junge Peter Eder aus Bichlberg als nächster Verwandter infrage. Wenn es nach dem Willen der Tante gegangen wäre, hätte der Peter eine Nichte von ihr heiraten sollen. Dann wäre der Hof von zwei Seiten bei der Verwandtschaft geblieben. Das ist immer gut. Aber da hatte der Peter sich schon die Katharina vom Pommerhof in den Kopf gesetzt. Zur Strafe für seinen Undank haben der Onkel und die Tante, die das Wohnrecht auf dem Hof behielten, keinen Handstrich mehr getan, so lange sie lebten. Aber das war nicht mehr sehr lange.

Peter Eder, der als Dreißigjähriger den großen Müllerbauernhof übernahm, war, obgleich körperlich immer kränklich, ein charakterstarker Mann, der ruhig und besonnen die Rolle des Familienoberhauptes übernahm. Als ich zur Welt kam, wurde er mein Vormund und nahm klug meine Interessen wahr. Wenn es schwer für ihn war, dass ich ein lediges Kind war, so hat er es an mir nicht ausgelassen. Und wenn ich es im Leben nicht immer leicht hatte, dann lag es nicht an ihm.

Katharina vom Pommerhof

Katharina Eder, geborene Schneider

Meine Großmutter wurde am 6. November 1871, im Jahr der Deutschen Reichsgründung, als Katharina Schneider im Niederbayerischen Gelbersdorf in der Gemeinde Hofkirchen geboren. Aufgewachsen ist sie am Pommerhof, unweit der Donau.

Den elterlichen Hof bekam Katharinas Bruder Xaver. Ich bin ihm einmal begegnet, als er seine Schwester in Buch besuchte. Das muss während des Krieges gewesen sein. Ich war damals ungefähr fünfzehn und er schon ein alter Mann, aber ich erinnere mich, dass er gemütlich war und viel gelacht hat. Auf dem Pommerhof hängt ein gerahmtes Bild, auf dem dieser Xaver Schneider zu sehen ist: Es zeigt einen schneidigen Soldaten im blauen Waffenrock, mit Tornister auf dem Rücken und einem Gewehr mit aufgesetztem Bajonett in der Hand. In merkwürdigem Kon-

trast zur farbenfrohen Darstellung des Soldaten und der ihn umgeben-
den Heeresinsignien ist der mit einem Spitzhelm bedeckte Kopf des Ge-
freiten in schwarz-weiß gehalten. Bei genauem Hinsehen erkennt man,
dass hier ein Ausschnitt aus einer Fotografie, wie es sie damals noch gar
nicht lange gab, in die kolorierte gedruckte Vorlage eingeklebt ist. Der
Unterschrift unter dem ehrwürdigen Bildnis ist zu entnehmen, dass es
in Erinnerung an die Dienstzeit des Xaver Schneider 1889 bis 1892 bei
der „8. Companie des 11. Königlich Bayerischen Regiments von der
Tann' in Regensburg" verliehen wurde.

Außer dem Bruder Xaver hatte Katharina fünf Schwestern, die in un-
terschiedliche Gehöfte in und um Hofkirchen einheirateten und so der
Reihe nach die „Seppenbäuerin", die „Mühlhammerin", die „Mossbau-
erin", die „Zitzelsbergerin" und die „Michlbäuerin" wurden. Eine von
ihnen hat in ein Wirtshaus in Hofkirchen eingeheiratet, das es heute
noch gibt.

Wie sich der Peter und die Katharina begegnet sind, weiß ich nicht.
Die Bauernfamilien in der Region kannten sich. Es wird eine Kirchweih
gewesen sein oder ein Familienfest in der Umgebung, wo sie sich näher-
gekommen sind. Jedenfalls hat er sie gefragt, ob sie Bäuerin in Oberbuch
werden möchte und sie hat „ja" gesagt.

„ ... soll gehen auf Reisen,
Euch alle zur Hochzeit laden und heißen!"

Geheiratet wurde Anfang des Jahres 1898. Es war eine Bauernhochzeit,
wie sie damals der Brauch war. Die Braut kam mit einem Kammertwagen auf den Hof. Eine Brautkuh ist angebunden hinterhergegangen. Auf
dem Wagen war das Schlafzimmer aufgebaut, das die Frau in die Ehe
mitbrachte. Im Schrank waren ihre Kleidung und die Aussteuer. Ein
Paar selbstgestrickte, rot-weiß-geringelte Strümpfe hatten wir noch
lange nach dem Tod der Großmutter im Haus. Geschirr war auch dabei.
Je reicher die Braut, desto üppiger war auch der Kammertwagen ausge-
stattet. Wenn am Hochzeitstag zwischendurch Zeit dafür war, sind die
Gäste zur „Kammertwagenschau" gegangen. Man wollte ja wissen, was
die junge Frau mitbringt.

Wochen vor der Hochzeit war der „Progroder" beauftragt worden,
die Hochzeit auszurichten. Der Hochzeitslader musste besondere Ta-
lente haben. Schnoderhipfl singen gehörte unbedingt dazu. Und Stil

musste er haben! Er ist durchs Dorf gegangen und hat die Gäste nach festem Brauch persönlich eingeladen.

„Grüß euch Gott mit Herz und Mund!
Ihr seid wohl alle frisch und g'sund?
Auch ich bin froh und guter Ding,
weil ich euch eine Botschaft bring',

Einen lieben Gruß in Gottesnam'
von der Jungfrau Braut und dem Bräutigam.
Sie haben mir geboten, ich soll gehen auf Reisen,
euch alle zur Hochzeit laden und heißen!"

So oder ähnlich lautete die Einladung. Danach zeichnete er mit Kreide einen Strauß an die Haustür und schrieb die Höhe des Mahlgeldes auf, sowie den Ort und die Zeit der Festlichkeit, damit niemand den Termin der Feierlichkeit vergaß.

Am Hochzeitstag gibt es zeitig in der Früh etwas zu essen. Dann geht man zur Kirche wo Braut und Bräutigam sich feierlich die Ehe versprechen, „bis dass der Tod sie scheide". Nach so viel ernster Festlichkeit freuen sich Brautpaar und Gäste auf das Hochzeitsmahl, zu dem sie in die Wirtschaft eingeladen haben. Als Vorspeise gibt es eine Suppe, dann den Schweinsbraten, später Kaffee und Kuchen. Während des Essens spielt die Musik, für die zwischendurch ein Teller fürs Trinkgeld herumgereicht wird. Zum selben Zweck lässt die Köchin eine Schöpfkelle herumgehen. Auch für die Entlohnung des Progroders wird von den Gästen ein Obolus erwartet. Nicht billig für die Gäste, so eine Hochzeit. Dafür darf jeder etwas von dem übrig gebliebenen Fleisch – eingewickelt ins Pschorrtüchl – mit nach Hause nehmen.

Wenn alle gestärkt sind, geht's ans Schenken: Dazu ruft der Progroder nacheinander alle geladenen Gäste auf. Der Aufgeforderte tritt heran, beglückwünscht das Brautpaar mit Handschlag und übergibt ein Geschenk nebst Geldumschlag. Vor der versammelten Gästeschaft will sich keiner lumpen lassen. Schon deswegen nicht, weil das Gegebene gleich begutachtet wird und der Progroder beim „Aussingen" gern spontan einen Kommentar zur Großzügigkeit des jeweiligen Gastes in sein improvisiertes Schnoderhipfl einbaut. Bei einer großen Hochzeit kann „das Schenken" also eine ganze Zeit dauern vor lauter Singen und Händeschütteln und Glückwünschen.

Wenn gegessen und die Schenkerei vorbei ist, stellen sich die „Draufgänger" ein: Verwandte von den Geladenen zumeist, junge Burschen, die keine Gelegenheit auslassen, zu feiern und zu tanzen. Erst lassen sie das Brautpaar leben, dann betrinken sie sich. Getanzt wird, bis die Brautleute heimgehen. Danach wird noch lange gesoffen, und nicht selten endet so ein Fest in einer Messerstecherei. Wenn es eine schöne Hochzeit war, wird sie hinterher fleißig gelobt; wenn gespart worden ist, werden die Gastgeber ausgerichtet. So oder so gibt es noch lange was zu reden. Flitterwochen gab es nicht. Nach der Hochzeit begann der Alltag auf dem Müllerbauernhof.

Der Müllerbauernhof

Auf dem Schrot (Balkon) oben steht die Großmutter. Unten von links nach rechts: Maria, Katl, die kleine Franziska mit Puppe, Hans und Muckl. Am Dach sieht man vorne rechts, wo nach dem Gewitter von 1929 die Ziegel ausgebessert wurden.

Der Müllerbauernhof war ein für die Region typischer Vierkanthof, dessen Gebäudeteile einen geschützten Innenhof umschlossen. Die Längsseite des Wohnhauses blickte zur Straße hin, links davon schloss sich – von einer Hofmauer eingerahmt – die breite Toreinfahrt an. Zwischen Tor und Haus war eine Tür in der Mauer, so dass man als Fußgänger eintreten konnte, ohne das schwere Tor öffnen zu müssen. Links schloss sich quer zur Straße der Kuhstall an, in dem zu beiden Seiten eines betonierten Ganges je fünf Kühe in ihren Koben standen. In der Außenmauer des Stalles gab es Öffnungen mit hölzernen Klapplädchen, durch die der Mist auf kurzem Weg zu dem dahinter liegenden Misthaufen transportiert werden konnte. Die Kühe wurden der Milch wegen gehalten, die die Großmutter zu Butter und Schmalz verarbeitete.

Auf den Kuhstall folgte der Saustall. An einer Seite entlang waren vier Koben aufgereiht, in denen immer zwei bis drei Säue untergebracht waren. Gezüchtet wurde nicht selbst. Der Großvater hat im Frühjahr Ferkel gekauft und großgezogen; zwei davon wurden im folgenden Winter für den Eigenbedarf geschlachtet, die anderen verkauft. Auch der Saustall war betoniert und mit einer Urinrinne versehen, und wie der Kuhstall hatte er eine Luke zum Misthaufen hin. Nach dem Ausmisten wurden Eimer voll Wasser hinterher geschüttet und der restliche Dreck mit einem der Riedlbesen aus Birkenreiser, die der Großvater im Winter selbst band, hinausgekehrt.

Dem Saustall schloss sich bis zur nächsten Quermauer der „Dent", (die Tenne) an, der gleichzeitig Remise für Wagen und Gerätschaften war. Im Winter hat man den Dent leergeräumt und – durch eine Öffnung von oben gespeist – das Getreide darin gedroschen. Über den ganzen Gebäudeflügel erstreckte sich der Heuboden. Neben dem Wagenschuppen führte ein Tor auf das zum benachbarten Hiablhof angrenzende Grundstück hin. Eine rechte Wildnis war da hinten. In eine „Logga", einen trüben Tümpel, floss die Jauche aus dem Kuhstall, daneben lag der Misthaufen. Das matschige, brennesselbewachsene Stück Grund ging über in eine ganz ähnliche Wildnis, die zum Hiablhof gehörte und den gleichen Zwecken diente. Rechts vom Durchgang erstreckte sich über die ganze hintere Breitseite des Hofes der Stadl, in dem Getreide und Stroh lagerten. An seinem Ende gab es ein weiteres Tor, durch das die Gespanne während der Ernte auf kurzem Weg zu den dahinterliegenden Feldern gelangten. Im rechten Winkel dazu hatte Peter einen vierten Gebäudeflügel angebaut, den „Neubau", in dem sich der Ross-Stall und die „Holzleg" für das Brennholz befanden. Im Heuboden darüber lagerte das duftende Kleeheu für die Pferde. Der Pferdemist musste mit dem Schubkarren über den Hof gefahren werden, weil der sonst übliche direkte Zugang zum Misthaufen durch das hinter dem Stall gelegene Waschhaus versperrt war. Es war in den Hang hineingebaut, der sich an dieser Seite des Hofes erhob und stellte in einer Zeit, in der vielerorts die Wäsche noch in Zubern auf dem Küchenherd ausgekocht und am Brunnen im Hof ausgespült wurde, eine hochkomfortable Errungenschaft dar. An einer Wand standen die Waschbank und der Kessel für die Wäsche. In einem Wechselbehälter wurden auf dem gemauerten Holzofen täglich auch die Kartoffeln für das Saufutter gekocht. Die Kartoffeln lagen griffbereit nebenan im ebenerdigen „Keller", einem bunkerartigen Raum, der auf dieser Seite ebenfalls in den Hang gegraben war. Auf der anderen Seite des Waschhauses war der Backofen, der aber, soweit ich zurückdenken kann, nicht mehr verwendet wurde, weil der Großvater das Brot schon lange beim Bäcker holte.

Im Waschhaus gab es außerdem einen einzelnen Koben, in dem manchmal ein altes Schwein untergebracht war, für das im Saustall gerade kein Platz war. Das hatte es dann schön warm vom vielen Kartoffeldämpfen. Über all dem lag eine Austragswohnung mit zwei Zimmern, in die man über eine Außentreppe gelangte. Als Altenteil wurde sie nie verwendet. Die unverheirateten Männer, die auf dem Hof lebten, Muckl, Hans, der Knecht und vielleicht noch ein Stallbursche, schliefen in dem einen Zimmer. Das andere war Abstellraum, wo die Männer am Abend ihre Stallkleidung aufhängten. Nach hinten, über dem Kartoffelkeller, hatte die Wohnung eine Terrasse, von der man wahlweise Blick auf die Straße hatte oder auf den Misthaufen.

Das Gebäudekarree wurde mit einem vierten Tor zwischen dem Waschhaus und dem Wohnhaus vollendet, durch das das Pferdegespann Zugang zum Misthaufen hatte. Dazwischen lag noch das „stille Örtchen", das Scheißhäusl mit dem geschnitzten Herz in der Holztür. Damit man nicht jedes Mal das schwere Holztor aufmachen musste, war auch hier ein Türchen im Tor.

Dahinter lag, bevor sich Wiesen und Felder ausdehnten, der eingezäunte Gemüsegarten, in dem die Großmutter sorgfältig pflegte, was für die Küche angebaut wurde. Kohlrabi für die Suppe, die es oft als Vorspeise gab, Weißkraut, Blaukraut, Rettich, Raner (Rote Beete) und Zwiebeln. Knoblauch gab es hier nicht. Auch Tomaten waren in einem Bauerngarten noch nicht zu finden. Aber ein paar Erdbeeren hatten ihr sonniges Plätzchen. Gepflanzt haben die „Weiberleut'" und zwar bei „kleinem Regen", also schön feuchtem Nieselwetter.

Jenseits des Gemüsegartens auf der Wiese nach Unterbuch hin, hatte der zukünftige Bauer Hans zahlreiche Nussbäume gepflanzt und auf der anderen Seite der Straße gab es einen reichen Obstgarten. Glasäpfel wuchsen hier, die sich gut einwintern ließen, und drei hohe Birnbäume: die ein wenig faden aber sehr saftigen Mostbirnen und ein Baum „Gute Luise", eine kleine, sehr wohlschmeckende und saftige Sorte von Birnen, die man gleich essen musste, wenn sie reif waren. Außerdem Zwetschgen, kleine, fast schwarze süße Kirschen und die sauren Weichsel. Am Spalier wuchsen Weintrauben. Der Hans hat das alles fachkundig gepflegt und geschnitten. Im Herbst hat er in einer großen Presse die Birnen gesaftet und vergären lassen. Die Zwetschgen wurden im Backofen zu Kletzen gedörrt. Auf gleiche Weise wurden Apfelspeitel getrocknet und beides wurde im Winter als Begleitung zu Mehlspeisen aufgekocht.

Für die Obstkonservierung, genauso wie für das Bepflanzen des Gemüsegartens, waren die „Weiberleut'" zuständig, also meine Mutter, ihre Schwester Katl und die Magd.

***

Von diesem Abstecher in den Garten kommen wir zurück in den Hof und stehen jetzt vor dem Wohnhaus. Über den „Gret", die flache schmale Veranda, die sich an der Längsseite entlang zog, führten zwei Türen hinein. Die linke war der Eingang zum sogenannten „Ochsenstall", der in Wirklichkeit das Jungvieh beherbergte und die ganze hangseitige Hälfte des Erdgeschosses einnahm. Kälber und Jungrinder hatten hier ihr Zuhause. Die Rückseite hatte wieder die bekannte Öffnung zum Misthaufen, die bei der Stallarbeit Wege sparte.

Die rechte Tür ist die Haustür, die in den großzügigen Flez, den Hausflur, führt. Drinnen geht es links nochmal durch eine Tür in den Ochsenstall. Gegenüber ist der Eingang zur großen Stube. Dahinter, zur Straßenseite hin, liegt die „Kuchl". Vom Flur aus führt auf Höhe der Küchentür eine Holztreppe nach unten in den Keller, in dem auf gestampftem Lehmboden das Suhrfleisch, der große Sauerkrautzuber und die Mostfässer lagern.

Nach oben führt die Treppe zu einer beachtlich breiten Diele im ersten Stock hinauf. Mittig zur Hofseite hin geht es auf den „Schrot", den hölzernen Balkon, hinaus; über dem Ochsenstall liegt das Schlafzimmer der Großeltern und auf der anderen Seite, über der großen Stube, die „obere Stube". Sie ist eingerichtet mit dem, was die Hausfrau auf dem Kammertwagen mitgebracht hat. Ein Gläserkasten mit Geschirr steht hier oben, ein Schrank mit Wäsche und vier Betten, in denen Gäste schlafen, wenn Besuch da ist.

Über der Kuchl war ein Zimmer, das weitgehend unbenutzt war. Es beherbergte etliche Schränke, in denen Kleidung aufbewahrt wurde. Gegenüber, zur Straße hin, lag die Weiberleutkammer, wo meine Tante Katl und die Magd schliefen. Der Raum daneben war zweigeteilt: Die eine Hälfte war die Mehlkammer, wo Mehl und Schmalz aufbewahrt wurden. Im anderen Teil schliefen meine Mutter und ich, solange ich klein war. Später bin ich zu Katl und Amali in die Weiberleutkammer gezogen.

Als das Dach einmal erneuert werden musste, hat der Großvater einen Teil des Wohnhauses heben lassen, so dass die nach Osten gerichteten Zimmer im ersten Stock höher wurden. Vermutlich hat man dafür den alten Dachstuhl komplett entfernt, die Decke der oberen Zimmer abgetragen und die Wände um einen Stein oder zwei aufgemauert, bevor man alles wieder zugemacht und ein neues Dach daraufgesetzt hat. Im Speicher konnte man den Höhenunterschied an einem Absatz sehen. Auch größere, mit Sprossen versehene Fenster wurden in die modernisierte Haushälfte eingebaut, während man in den Zimmern über dem Ochsenstall noch aus den kleinen alten Fenstern auf den Hof hinausschaute.

Auf dem Dachboden lagerte das Getreide. Lastenaufzug gab es keinen. Sackweise wurde das Korn über dem Buckl die Holztreppen hinaufgetragen. Erst als in den späten fünfziger Jahren mit dem neu angeschafften Mähdrescher das Ernten und Abscheiden der Körner von den Halmen in einem einzigen Arbeitsgang erfolgte, wurde das „Troad" gleich verkauft und nicht mehr hier oben gelagert bis das Dreschen abgeschlossen war.

„Laufendes" Wasser kam aus Hähnen in der Küche, im Flur und in der Waschküche. Es stammte aus einer Quelle, die auf einer Wiese Richtung Unterbuch entsprang, und wurde von einer Pumpe über eine Rohrleitung zur „Reserve" geführt. Das war eine gemauerte, mit Erde bedeckte und bewachsene Zisterne, die wie ein Bunker aus dem Hügel herausragte. Sie lag ein wenig abseits oberhalb des Waschhauses, so dass das Wasser nach unten Gefälle hatte. Durch Öffnungen an den Seiten konnte man sehen, wie viel noch drin war, und bei Bedarf wurde der Hahn an der Reserve aufgedreht, so dass Wasser dort gezapft werden konnte, wo es gebraucht wurde: In der Küche, im Waschhaus und am „Grant", einem sehr großen steinernen Trog im Hausflur. Er war immer voll, so dass man zum Wischen des Ziegelfußbodens im Flur direkt mit dem Eimer herausschöpfen konnte. Nachdem mit dem Riedlbesen nass gewischt war, wurden über Nacht ein oder zwei Bund Stroh im Flur verteilt, das die Feuchtigkeit aufnahm. Wenn das Stroh am nächsten Morgen getrocknet war, kehrte man es als Einstreu in den Ochsenstall.

Der ganze Hof war also zweckmäßig und für damalige Verhältnisse modern angelegt, und der Großvater war immer irgendwo am Bauen und Verbessern.

Wenn es schön war, saß man nach Feierabend auf der Gretbank vor dem Haus und ruhte aus. Oft holte die Großmutter die Mundharmonika hervor und spielte auf. Alle hatten dann gern einen Blecheimer mit kaltem Brunnenwasser vor sich stehen, in dem sie sich die Füße kühlten. Wie die Schwalben auf der Leitung saßen sie nebeneinander.

„... und alle waren gesund und schön!"

Familie Eder, um 1920 - Im Vordergrund: Großmutter Katharina und Großvater Peter. Dahinter von links nach rechts die Kinder Hanni, Maria, Nane, Katl; Hans, Peter, Muckl, Franz.

Katharina war eine große, tatkräftige Frau, die ich nie schlecht gelaunt gesehen habe. Ich verdanke ihr eine schöne Kindheit, die ich bis zu meinem neunten Lebensjahr auf dem Müllerbauernhof sein durfte.

In elf Jahren brachte sie zuhause auf dem Hof acht Kinder zur Welt. Johan, „Hans" Eder ist am Weihnachtstag 1898 geboren. Das älteste Mädchen, Maria, meine Mutter, erblickt 14 Monate später, am 19. Februar 1900 das Licht der Welt. Wieder fast genau 14 Monate später, am 18. April 1901 wird der zweite Sohn Peter geboren und am 29. Juni 1902 – weitere 14 Monate danach – noch eine Tochter, Katharina, „Katl". Am

25. Dezember 1903, wieder am ersten Weihnachtstag und genau fünf Jahre nach dem ersten Kind, die Tochter Anna, „Nane". Noch einmal 14 Monate später, am 16. Februar 1905, kam Nepomuk, „Muckl" auf die Welt, und 15 Monate danach, am 20. Mai 1906 wird Franz geboren. Immerhin erst mehr als drei Jahre später wird am 6. Juni 1909 als letztes Kind Johanna, „Hanni", geboren. Wenn Katharina von ihren Kindern sprach, sagte sie: „Sie haben alle gelebt und alle waren gesund, groß und schön."

Der Großvater war von Haus aus kränklich. Aber bei den Kindern gab es von dieser Regel tatsächlich nur wenige Ausnahmen. Der Muckl war einmal mit einer Blinddarmentzündung im Krankenhaus in Vilshofen. Die Katl hatte immer wieder mit der Blase zu tun. Aber die anderen waren von robuster Gesundheit, allen voran die Großmutter. Solange ich sie gekannt habe, war sie bei keinem Doktor. Am Ende hatte sie zwar nur noch braune Scherben im Mund, aber das nahm sie gelassen hin. Geld für den Zahnarzt auszugeben, hat's nicht gebraucht bei ihr. Wenn es irgendwo zwickte, sagte sie: „Ist von selbst gekommen, wird auch von selbst wieder vergeh'n." Und so ist es dann meistens auch gewesen. Krankenversichert war damals niemand, den ich kannte.

Die Eder-Kinder haben zusammen fast 600 Jahre gelebt. Am wenigsten alt wurde meine Mutter Maria. Sie starb im Alter von 71 Jahren. Alle anderen lebten bis gut in ihre 80er. Peter starb 103jährig in Amerika.

* * *

Die Geschwister mussten von Kindesbeinen an mithelfen. Wenn sie von der Schule heimkamen, galt es bei der Heuernte helfen, Disteln stechen oder Kartoffeln klauben. Geld oder Belohnungen gab es dafür nicht. Meine Mutter hat sich später noch oft beschwert, dass sie schon als kleines Mädchen so viel arbeiten musste. „So kloane Bockerl waren wir!".

Als ich auf den Müllerbauernhof geboren wurde, lebten dort noch vier von den acht Geschwistern. Dem Hans war es als ältestem Sohn bestimmt, Bauer zu werden und den Hof zu übernehmen. Mit dem Heiraten hat er sich Zeit gelassen und als er sich 1942 als fast dreiundvierzigjähriger doch dazu durchgerungen hat, hätte es ihn fast das Leben gekostet.

Peter floh 1927 vor dem Chaos und der Perspektivlosigkeit der Jahre zwischen den Weltkriegen nach Amerika. Viele sind damals ausgewandert und hatten Erfolg in der neuen Heimat. Etliche Freunde waren schon drüben und berichteten, dass es ihnen gut ging. Das zog andere nach. Peter ging nach Milwaukee, wo es schon eine große deutsche Gemeinschaft gab. Heimisches Brauchtum wurde dort gepflegt und gleichzeitig bediente man sich gerne der Errungenschaften des fortschrittlichen Landes. Mit einem seiner Briefe, die er nach Hause schrieb, schickte Peter ein Foto auf dem er als Boxer posierte. Auf die Rückseite schrieb er: „Man kann in Amerika alles werden; sogar Boxer!".

Peter Eder: „Man kann in Amerika alles werden …!"

Sein erster Weg nach der obligatorischen Zeit im Übergangslager führte ihn zu Paul, einem Freund aus Jugendtagen, der aus Daxlarn stammte. Paul war schon früher ausgewandert, hatte Fuß gefasst und nannte bereits eine Farm sein Eigen. Einen Mähdrescher besaß er auch schon. Peter schickte ein Foto davon an die Verwandten in Deutschland, wo sich solche Geräte erst nach dem 2. Weltkrieg langsam verbreiteten. Auf Pauls Farm lebte auch seine Schwester Rosi, die dem Peter gut gefiel. Dumm, dass die Rosi bald nach Peters Ankunft zu einem Onkel zog, dessen Frau gerade gestorben war, um ihm den Haushalt zu führen. Als der Onkel merkte, dass der Peter die Rosi gern sah, erteilte er ihm Hausverbot. Er brauchte die Rosi und wollte sie sich nicht ausspannen lassen.

Das hat die beiden aber nicht davon abgehalten, unter dem Krieg zu heiraten. Rosi war da achtundzwanzig, Peter dreiundvierzig; er arbeitete erst auf der Farm seines Freundes mit, dann fand er Arbeit als Hausmeister. Bald verdiente er genug, um sich ein Auto kaufen zu können.

Als eingebürgerter Amerikaner wurde er während des Krieges zum Militär eingezogen. Weil er bei Kriegseintritt Amerikas aber schon über vierzig war, blieb es beim Dienst in der neuen Heimat und er musste nicht mit der kämpfenden Truppe nach Europa, wo er vielleicht gegen Landsmänner hätte kämpfen müssen. Ohne die Einbürgerung hätte man ihn als „Feind" interniert, wie viele Deutsche, die während des Krieges in Amerika waren, ohne die Staatsangehörigkeit zu beantragen. Viele scheuten den Schritt, denn wer vorhatte, wieder in die alte Heimat zurückzugehen, musste sich die Ausbürgerung teuer erkaufen. Verwandte meines späteren Mannes sind in den 1980er Jahren wieder nach Deutschland zurückgegangen und haben sich bitter über das kostspielige Verfahren beklagt.

Peter Eder als amerikanischer Soldat

Kinder hatten Peter und Rosi nicht, wie auch Peters Brüder alle keine Kinder bekamen. Von den acht Geschwistern gab es nur fünf Enkelkinder. Aber sie hatten engen Kontakt zu einer Nichte, die die Rosi auch einmal nach Deutschland begleitete und nach Buch zu Besuch kam. Deutsch konnte sie nicht. Normalerweise kamen Peter und Rosi alle zwei Jahre auf Heimatbesuch, das erste Mal 1950. Sie wohnten dann bei Rosis Mutter in Daxlarn. Dem Hans hat einer dieser Besuch das Leben gerettet.

Irgendwann ging das mit dem Reisen nicht mehr. Die Nichte kümmerte sich darum, dass die beiden in ihrer Nähe in eine Seniorenresidenz zogen. 2004 ist Peter dort 103jährig gestorben. Er hatte 74 Jahre in Amerika gelebt. Ein paar Jahre später hat mir die Nichte geschrieben, dass auch die Rosi verstorben ist.

Hanni Eder schickt Grüße aus Amerika

Zwei Jahre nachdem Peter ausgewandert war, folgte ihm 1929 seine Schwester Hanni. Das war schwer für die Großmutter. In Amerika angekommen, schickte Hanni ein Bild, auf dem sie in einem Luftschiff sitzt. Es war nur eine Fotomontage, aber ebenfalls Ausdruck dafür, was in Amerika alles möglich war. Wenn Post von den Auswanderern kam, war das immer ein Ereignis. Die Berichte über das, was sie erlebten und die Bilder, die sie schickten, wurden in der Stube ausführlich diskutiert. Man war besorgt, als Hanni die brüderliche Obhut in Milwaukee verließ und allein ins große Chicago zog, wo sie eine Anstellung als Hausmädchen gefunden hatte. Man erfuhr, dass sich längst nicht alle Amerikaner

Dienstboten leisten konnten, und wenn Hanni Hausmädchen wurde, dann musste es sich schon um eine privilegierte Familie handeln, die viel Geld hatte. Auch dass es, anders als in Deutschland, gar nicht üblich war, Kleidung nähen zu lassen, sondern jedermann von der Stange kaufte, war ein vielbesprochenes Thema.

Große Aufregung herrschte schließlich in der Stube, als Nachricht kam, dass Hanni von dem aus der Oberpfalz stammenden Egon Moser, den sie in Chicago kennengelernt hatte, schwanger war und heiraten musste. Etwas anderes wäre im prüden Amerika der damaligen Zeit nicht denkbar gewesen. Als der Großvater von der Verbindung erfuhr, ist er eigens nach Amberg gefahren und hat die Familie ausgekundschaftet. Er kam zu der Einschätzung, dass die Hanni unter ihrer Würde geheiratet hat, aber dagegen konnte er jetzt nichts mehr machen. 1934 sind die beiden schon wiedergekommen und mit ihren beiden Buben, die sie inzwischen hatten, in die Nähe von Amberg gezogen. Der Egon war nicht recht solide, aber Ideen hatte er. Weil er wusste, dass die Hanni aus einem wohlhabenden Bauernhof stammte, rechnete er sich allerhand aus. Eine Hühnerfarm nach amerikanischem Vorbild schwebte ihm vor, die ihm der Großvater finanzieren sollte. Der dachte seinerseits nicht daran, den, seiner Meinung nach unseriösen, Schwiegersohn zu unterstützen. So ernährte der Egon seine Familie in Haselmühle in der Oberpfalz mit allerhand Gelegenheitsgeschäften. Als der Krieg kam, war er obenauf, weil er gut Englisch konnte und bei den amerikanischen Besatzern vielfältige Beschäftigung fand. Als er – ich weiß nicht, in welcher Funktion – einmal auf einem Pferd reiten musste, fiel er herunter und verletzte sich. Dafür bekam er Schmerzensgeld und eine Rente dazu. Mit dem Geld kaufte er sich ein Auto und machte sich als Fahrer selbständig. Die Hanni hat er geliebt. Daheim in Buch wusste man, dass sie sich jeden Tag für 50 Pfennig Leberkäse kaufen konnte und eine Halbe Bier dazu. Arbeiten musste sie nicht. So gut wie ihr ging es keiner der Schwestern, und von daher hat sie es mit ihrem Egon, allen Bedenken des Großvaters zum Trotz, gar nicht so schlecht getroffen.

Franz, der jüngste der Eder-Brüder, ging auf die Schule und machte danach bei der Raiffeisenkasse in Passau eine Lehre. Nach der Ausbildung arbeitete er eine Weile in einem Geschirrgroßhandel in Passau. Von dort aus bekam er eine Anstellung bei der Raiffeisen in Grafenau, wo er es mit den Jahren zum Filialleiter brachte. Er hat geheiratet, und er und seine Frau Maria haben ihr Leben lang in einer schönen Wohnung über der Bank gewohnt. Ich habe sie manchmal besucht, und die Maria hat ein paar schöne Kleidungsstücke für mich genäht. Lange habe ich mir gewünscht, auch eine Ausbildung in einem Büro zu machen und mich dann beim Franz in der Bank anstellen zu lassen. Aber in dem Durcheinander nach Kriegsende kam das dann nicht mehr infrage.

Meine Tante Nane, die dritte Schwester meiner Mutter, hatte schon vor meiner Zeit den Lehr Sepp geheiratet. Dessen Hof stand unten im Donautal in der Lenau. Von Osterhofen kommend lag der Einödhof hinter Pleinting in einer Kurve. Bei Hochwasser wurde das Anwesen jedes Mal überschwemmt, davon hatte der Sepp irgendwann genug und hat verkauft. Für das Geld erwarb er in Zaundorf, das auf dem Weg nach Garham liegt, ein Wirtshaus und die Nane wurde Wirtin.

Leben und Arbeiten auf dem Müllerbauernhof

Während meiner Kinderjahre auf dem Hof lebten dort also neben den Großeltern noch die Söhne Hans und Muckl, meine Mutter und ihre Schwester Katl, eine Magd und ein Knecht. Manchmal auch ein Stallbursche. Zu Lichtmess, Anfang Februar, wechselten die Bediensteten die Stellung, wenn sie wechseln wollten oder der Bauer sie nicht mehr haben wollte. Beim Müllerbauern blieben die Leute gern; er war als „guader" Hof bekannt. Mägde und Knechte genossen Familienanschluss und wurden mitversorgt. Selbstverständlich war das nicht. Man erzählte sich von Höfen, wo der Bauer und die Bäuerin allein gegessen haben, während das Gesinde sehen musste, wo es etwas herbekam. Eine Freundin berichtete einmal von einer Bauerntochter aus dem Rottal, mit der sie in die Haushaltungsschule gegangen war. „Ein heruntergewirtschafteter alter Hof, s'Haus noch ganz aus Holz, aber eine Mordsgröß'!", hat sie sich ausgelassen. Man hielt sich also ohne Grund für etwas Besseres und das Personal konnte sehen, wo es blieb. Beim Müllerbauern waren die Leute normalerweise jahrelang auf dem Hof. Alle hatten ihre festen Aufgaben und arbeiteten mit der Familie Hand in Hand.

Die Pferde waren „Chefsache". Solange er konnte, hatte der Großvater den Pferdestall mit den vier Rössern unter sich, und der Hans, sein ältester Sohn, hat ihm geholfen. Nachdem der Hans Bauer geworden war und den Pferdestall selbst übernahm, bekam er zur Unterstützung einen Stallburschen. Muckl war für den „Ochsenstall" verantwortlich. Hier wurden die Stierbummerl gehalten, die zum Verkauf standen, und die Kälber, die für den Hof aufgezogen wurden. Die weiblichen Tiere kamen, wenn sie größer waren, in den Kuhstall, um den sich Katl gemeinsam mit der Magd Amali kümmerte. Meine Mutter war für den Saustall zuständig, wo ein paar Schweine hauptsächlich für den Eigenbedarf aufgezogen wurden.

Der Tag begann früh um fünf damit, dass die Tiere versorgt wurden. Die dreckige Einstreu wurde durch die Luken auf den Misthaufen hinter den Stallungen gegabelt, der Betonboden nass nachgekehrt. Futterheu und trockene Einstreu rieselten durch die Öffnung vom Heuboden herunter. Während die Kühe zufrieden ihr Heu kauten, haben Katl und Amali sie gemolken. Danach wurden die schweren Milchkannen zur Großmutter in die Küche hinübertransportiert, die sie im Laufe des Tages verarbeitete. Wenn gegen sieben das Vieh in sauberen Koben stand, die Stallgassen gefegt und die Milchkannen aufgeräumt waren, wurde gefrühstückt. Im Winter suchte man sich danach irgendetwas, was auf dem Hof zu tun war. Zu allen anderen Jahreszeiten ging die Arbeit auf den Feldern weiter. Die Gegend um Pleinting ist ein Ausläufer des Gäubodens, der „Kornkammer Bayerns", die sich südlich der Donau und des Bayerischen Walds in einer Breite von etwa fünfzehn Kilometern von Wörth bis nach Künzing hinzieht. Während der letzten Eiszeit hatten Stürme kalkhaltigen Staub aus dem Alpenvorland in den tiefergelegenen Gäuboden geweht und eine meterdicke, fruchtbare Lössschicht gebildet.

Auch die Felder in Oberbuch, sauber aneinandergereihte Vierecke, soweit das Auge reichte, waren satt und ertragreich. Der Müllerbauernhof war wohlhabend. Um die neunzig Tagwerk waren zu bestellen.

„Im Märzen der Bauer …"

Wie es das alte Volkslied beschreibt, gab das Jahr den Arbeitsrhythmus vor. Im Frühjahr wurde das Getreide ausgesät. Wenn die winterliche Nässe aus dem Boden gewichen war, wurden die Rösser vor den Pflug gespannt und die Felder gepflügt. Dann gingen die Leute vom Hof in einer gleichmäßigen Reihe, immer um ein paar Schritte nach hinten versetzt, das Feld ab. Jeder hatte um die Hüfte eine blaue Schürze gebunden, einen „Fetzen", auf den eine Tasche für das Saatgut aufgenäht war. Da griffen sie hinein und warfen die Saat mit der Hand aus. Die großen Felder wurden schon mit einem von Pferden gezogenem Gerät, der „Baumaschin'", bestellt. Es war tischbreit und hatte eine Schublade für das Saatgut, die mit einem Deckel verschlossen war. Einstellbare Trichter, aufgereiht wie die Orgelpfeifen, durch die die Saatkörner in regelmäßigen Abständen auf die Erde glitten, ragten nach unten.

Gleich nach der Getreidesaat wurden die Kartoffeln gesteckt. Erst haben die Frauen, die „Weiberleut'", die letztjährigen Kartoffeln aus dem dunklen Keller abgewürzelt und in Stücke geschnitten. Dabei wurden immer drei oder vier „Augen" stehen gelassen. Die Saatstücke wurden in Säcke geladen und aufs Feld gefahren. Dort haben die Männer in der Zwischenzeit niedrige Erdwälle, „Bifen" aufgehäufelt. Auch schon maschinell wurden auf der Hinfahrt in regelmäßigen Abständen Löcher in die Erde gestochen und mit Saatstücken befüllt. Beim Zurückfahren hat das „Mehd", das Gespann mit den zwei Rössern, die Löcher zugemacht. Dann galt es warten, bis die Saat aufging.

Auch die Zuckerrüben wurden in Bifen gesetzt und mussten verzogen werden. Runkelrüben, die als Viehfutter angebaut wurden, sind im Gemüsegarten vorgezogen und später aufs Feld ausgesetzt worden. Egal, ob Kartoffeln oder Getreide oder Rüben, sobald die Saat keimte und wurzelte, mussten sie gepflegt werden. Auf den Getreidefeldern begann ab Mai, wenn die zarten Triebe den Boden durchdrangen, das Distelstechen. In einer Reihe ging man daran, mit langen Stecken, an deren unteren Enden Klingen befestigt waren, Disteln und anderem Unkraut den Garaus zu machen. Kartoffeln und Rüben musste beim Heranwachsen geholfen werden. Hacken war das Wichtigste, damit die Erde feinkrümelig blieb und, besonders nach langer Trockenzeit, das Regenwasser gut aufnehmen konnte. Bei all diesen Arbeiten ging es gesellig zu. Ob die Frauen beim Kartoffelschneiden im Hof zusammensaßen oder die fünf oder sechs Leute, die beim Anhäufeln auf dem Feld in parallelen Reihen arbeiteten, beim Distlstechen und beim Heumandl bauen, immer wurde dabei auch erzählt und gelacht. Es ging unterhaltlich zu bei der Arbeit.

***

Der Erntezyklus begann im Juni, wenn die Tage immer länger wurden, mit dem Heuen. Für die Pferde wurde eigens Kleeheu und Luzerne angebaut. Die Kühe bekamen normales Wiesenheu. Die Wiesen wurden per Hand mit Sensen gemäht. Jeder „Mahder", Mann wie Frau, hatte seine eigene Sense, die am Abend zuvor frisch gedengelt worden ist. Als Kind bin ich dem Muckl einmal in die Sense gelaufen, als er gerade am

Dengeln war. Das Kätzchen, das ich fangen wollte, bog in den neben dem Waschhaus gelegenen Unterstand ab, wo er bei der Arbeit saß, und wie ich hinterherlief, fuhr mir oberhalb des Haaransatzes plötzlich ein spitzer Schmerz in den Kopf. Der Muckl hatte mich nicht kommen sehen und ich ihn nicht. Ich habe geplärrt und die Großmutter hat mich eine Weile gedrückt. Dann sind alle wieder an die Arbeit gegangen. Der Ratscher am Kopf ist mit der Zeit wieder verheilt.

* * *

Wenn es losgeht mit der Mahd, wird früh um zwei aufgestanden. Es dämmert noch nicht einmal. Jeder hat seinen Wetzstein umgegürtet, der in einem mit Wasser gefülltem „Kimpfl" steckt, damit er feucht bleibt. Manche haben zu dem Zweck auch ein Kuhhorn am Gürtel. Die nackten Füße stecken in Holzschuhe. Allen voran beginnt der Vorgeher seine Reihe, ein paar Schritte versetzt dahinter der nächste; es werden so viele Reihen gemäht, wie Mahder da sind. Solange der Morgen frisch und nebelig ist und die Sense schön scharf, geht die Mahd leicht von der Hand. Wenn die Wiese fertig gemäht ist, wird nachgegangen und das Gras auseinandergeschüttelt, damit es gut trocknen kann. Um sechs gehen alle heim zur Stallarbeit und zum Frühstücken. Während die anderen noch am Mähen sind, hat einer mit dem Ross das gesenste Kühfutter holen müssen. Das wird den Viechern jetzt hingeworfen.

Währenddessen tut die Sonne ihre Arbeit an der Mahd, die jetzt zum Abtrocken daliegt. Wenn die eine Seite schon schön dürr ist, wird gewendet. Wie beim Mähen geht einer nach dem anderen versetzt. Damit der Nebel der Nacht das trocknende Gras nicht wieder nass macht, wird am Nachmittag „g'hedert": Der Grasschnitt wird zu Schlangen gerecht und zu „Hederln" (Haufen) zusammengeschoben. Am nächsten Morgen wird es wieder ausgebreitet, bis alles schön trocken und resch ist.

Wenn es regnet, wird mit dem Auswerfen der Hederl abgewartet, bis die Witterung wieder trocken ist. Anhaltend schlechtes Wetter führt zu Missernten. Dann muss im Winter Futter zugekauft werden, oder das Vieh bekam mehr Rüben und siliertes Grünzeug. Wenn's gar nicht anders ging, muss man Viecher „wegtun".

Wenn aber das Wetter hält, ist das Heu einer Wiese in drei oder vier Tagen fertig. Am Ende wird alles wieder in Schlangen gerecht und aufs Fuhrwerk geladen. Oben stehen zwei Frauen - eine vorn und eine hinten

– und nehmen die großen Bauschen entgegen, die ihnen zwei Männer von unten anreichen. Oben müssen sie schöne viereckige „Fadl" richten. Das muss man können. Je höher aufgeschichtet wird, desto leichter kommt die Fracht ins Wanken. Wenn nichts mehr draufgeht, wird der „Wiesbaum" oben aufgelegt und mit Seilen hinten und vorn niedergebunden. Wenn g'schlampert gearbeitet oder zu hoch aufgeladen wird, kommt es vor, dass das ganze Fuhrwerk umwarf. Ich habe das Gott sei Dank nicht erlebt.

Damit das unerlässliche Viehfutter zu trockener Zeit in die Scheune kam, wurde an Sonn- und Feiertagen genauso gearbeitet wie unter der Woche. Je nach Wetterlage dauerte es zwei, drei Wochen, bis alles eingebracht war. Solange packten alle nach Kräften zu. Aber auch wenn es anstrengende Tage waren, alles ging fröhlich und friedlich vonstatten. Um Fronleichnam herum hieß es dann: „eing'heikt ist!", das Heu ist eingebracht.

Bald danach fing schon die Getreideernte an. Angebaut wurden Weizen, Gerste und Roggen und Hafer für die Rösser. Was über den Eigenbedarf hinausging, wurde verkauft. Alles war wie bei der Heuernte. Geschnitten wurde mit Sensen, danach mussten die Körner an den Halmen trocknen. Die Frauen gingen hintendrein, hoben die Mahd in Büscheln auf und banden sie zu Garben. Gegen Regen oder die Feuchte der Nacht wurden sie zusammengefasst und zu „Garbenmandln" aufgestellt.

Wenn der Oktober kam, begann das Kartoffelklauben. Mit dem Pflug wurden die Bifen aufgerissen. Immer zwei Helfer klaubten die freiliegenden Kartoffeln von rechts und links in die „Schwing'", den flachen, breiten Erntekorb aus Span-, Weiden- oder – später - Drahtgeflecht, der zwischen ihnen stand. Das Kartoffelkraut wurde gesenst und auf dem Feld abgebrannt. Die feuchten Pflanzenteile haben gequalmt und gestunken, aber es war ja Natur.

Bei der sich anschließenden Rübenernte wurden zuerst die Blätter so abgehackt, dass noch ein Teil Rübe dranblieb. Dieses „Plega" wurde als Viehfutter auf einen Haufen geworfen und zu Winterfutter siliert. Die enthaupteten Rüben wurden ausgehackt, auf den Wagen gesammelt und heimgefahren. Angebaut wurde nur so viel, wie man als Futter für das Vieh brauchte. Für den Eigenbedarf der Menschen auf dem Hof wuchs ein Feld voll Krautköpfen, die zu Sauerkraut fermentiert, die Vitaminversorgung im Winter sicherte.

Das Ende der Ernte wurde mit dem „Arndt-Bier" gefeiert. Wenn die letzte Fuhre unter Dach und Fach war, gab es ein üppiges Essen mit

Schweinsbraten, Knödeln und Soße, Schüsseln mit Krapfen, ausgezogenen Nudeln und gebackenen Apfelschnitten. Zum Trinken hatte der Großvater beim Wirt nicht wie sonst den dünnen Scheps, sondern richtiges Bier geholt. Nach dem Essen spielte einer in der Stube Musik und alle haben getanzt. Mit der Familie, den Taglöhnern und allen anderen, die geholfen haben, waren vierzehn oder fünfzehn Leute beisammen.

Zum Abschluss des Feldjahres musste jetzt noch dafür gesorgt werden, dass die abgeernteten Felder auch im nächsten Jahr wieder Frucht bringt. Dazu wurde spät im Herbst mit Mist gedüngt. Auf jeweils zwei Fuhrwerke wurde der Mist aufgeschlagen und aufs Feld gefahren. Die Seitenwände der Wagen wurden dazu abgenommen. Der Lenker des Gespanns schaufelte in regelmäßigen Abständen Haufen von seiner Ladung herab, die anderen mussten ihn ausbreiten. Am Ende halfen alle zusammen, den Mist in den Boden einzupflügen, damit er über den Winter wirken konnte.

Wenn draußen auf dem Feld die Arbeit zu Ende ging, gab es auf dem Hof noch genug zu tun. Die Leute fanden sich jetzt im Stadl ein, wo sie die Krautköpfe von Dreck, Strünken und äußeren Blättern befreiten. Die sauberen Köpfe wurden in der Stube aufgereiht und nacheinander auf einem großen, mit einem Schuber versehenen Krauthobel und reichlich Körperkraft aufgehobelt. Der anwachsende Krautberg sammelte sich in einem Tischtuch, das auf dem Boden zwischen zwei Stuhllehnen gespannt war. Von dort wurde es in den hölzernen Krautzuber immer abwechselnd mit einer Lage Salz geschichtet. Der Hans stand, nachdem er sich die Füße sauber in einem Zinkeimer gewaschen hatte, barfüßig in dem weiten Zuber und trat fleißig, um das Salz gründlich in das Kraut hineinzuarbeiten und alles so fest zu stampfen, dass keine Lufteinschlüsse blieben. Schließlich wurde der Behälter mit einem zweigeteilten Deckel verschlossen und mit zwei massiven Bruchsteinen beschwert. Ein großer Zuber voll wurden auf diese Weise vollgepackt, von dem den ganzen Winter über jeden Tag als Voressen etwas auf den Tisch kam. Je ein kräftiger Mann hat dann an den seitlichen Handhaben angepackt und das schwere Gefäß in den Keller gewuchtet. Dort durfte alles schön langsam gären. Wenn das Kraut „reif" war, nahm man durch die eine Deckelhälfte portionsweise davon heraus und kochte es oder aß es roh als Krautsalat. Die schlierige Schicht, die sich nach ein paar Wochen auf der Oberfläche bildete, musste regelmäßig abgeputzt und Deckel und Steine sauber gebürstet werden.

Im November wurde das in den Scheunen zwischengelagerte Getreide gedroschen. Sowohl beim Müllerbauern als auch beim Hiabl gab es dafür schon „Drieschmaschinen", die mit Benzin betrieben wurden. Ein Mann hat die Ähren in eine Mulde gefüllt, von wo aus sie in die Maschine gezogen wurden. Dem Auge verborgen aber unter großem Lärm wurde das Getreide vom Halm getrennt und beides auf unterschiedlichen Wegen wieder ausgespuckt. Die Körner rieselten in einen aufgespannten Sack, das Stroh wurde in Haufen aufgeschüttet. Die Maschine war im Dent aufgestellt und mit einem langen Lederriemen mit dem Motor verbunden, der im Hof draußen stand. Eine Woche hat es bei den größeren Bauern gedauert, bis alles Getreide gedroschen und sackweise in den Speicher getragen und das Stroh gebündelt war. Zu Kleinbauern kamen Unternehmer, die mit ihren mobilen Geräten von Hof zu Hof zogen. Das „Dampffahren" in der Nachbarschaft war immer ein großes Ereignis. Der Drieschwagen musste mit viel Rangieren und Schieben in den Dent eingepasst werden, und draußen im Hof wurde der Dampfkessel aufgestellt. Ob mit dem eigenen Gerät oder durch den Dampffahrer, das Dreschen begann morgens um fünf und es hat gelärmt und gestaubt und die Männer haben nachgeschoben und gebündelt und Säcke geschultert; im Laufschritt hinauf in den Speicher und gleich wieder hinunter, bevor der nächste Sack voll ist und ein leerer in die Halterung eingehängt werden muss. Zu den vier Mahlzeiten des Tages waren noch ein paar mehr Leute zu versorgen als sonst und sie waren hungrig. Manchmal träume ich heute noch schwer davon, dass ich nicht fertig werde damit, die Brotzeit zu richten und rechtzeitig abzuräumen und zu spülen, bevor es schon wieder Zeit ist für's Mittagessen ist. Froh war ich immer, wenn das Dreschen vorbei war!

Den ganzen Winter über wurden oben im Heustall Heu und Stroh zu kurzem „Gsod" geschnitten. Ganz früher war das Häckselwerk über ein großes Schwungrad in harter und langwieriger Arbeit von Hand betrieben worden. Später spannte man die zwei Rösser an den weit nach außen ragenden Ausleger des „Göpels" ein, der mit einer Welle in seinem Zentrum über ein kompliziertes Zahnradsystem das Schneidwerk antrieb. Über ein Förderband wurden Heu und Stroh in die Maschine transportiert und, auf Fingerlänge gekürzt, hinten wieder ausgespuckt. Drei Mann waren damit beschäftigt, nachzuschieben und zu stapeln. Nach und nach wurde auch diese Arbeit dampfbetrieben erledigt, aber beim Müllerbauern hat man das noch lange von den Pferden machen lassen, die auf diese Weise im Winter auch ihre Bewegung hatten.

Durch Aussparungen im Scheunenboden wurde das Gsod in Haufen nach unten in den Stall geworfen und als Futter oder Einstreu verteilt. Recht gerieselt hat es, wenn die trockenen kurzen Halme durch das Loch herabfielen. Während sich die Tiere im Sommer über Klee und Gras freuten, mussten sie im Winter mit Silage und diesem „Dürrfutter" Vorlieb nehmen.

Solange im Herbst das Gras noch ein wenig wuchs, das Mähen aber nicht mehr lohnte, wurden in der Früh die Kühe hinaus- und am Abend wieder heimgetrieben. Zäune gab es nicht, also mussten Hüterbuben aufpassen, dass das Vieh auf den eigenen Feldern blieb. Manchmal war ich selbst unter den Hütekindern in Buch, ein paar Mal auch in Moos, aber hauptsächlich war es Aufgabe der Buben, die sich gern die Zeit damit vertrieben, mit trockenem Kartoffelkraut Feuer anzuzünden und Erdäpfel zu backen, die sich auf den abgeernteten Feldern noch fanden. Einmal kann ich mich erinnern, wie die Großmutter mit Ende Siebzig als „Hüterbub'" auf einer morastigen Wiese in der Kuhle Richtung Unterbuch stand und die Kühe bewachte. Das war, nachdem der Hans den Drachen geheiratet hatte und nach und nach alle vor der unguten Stimmung auf dem Hof flüchteten oder sich, wie sie, wenigstens zeitweise ein wenig versteckten.

***

Seit dem Ausbringen der Saat im Frühjahr sind die Dinge ihren bäuerlichen Lebenslauf gegangen. Heu und Getreide sind eingebracht, die Kartoffeln liegen im Keller, das Getreide ist gedroschen und Viehfutter und Vorräte sind säuberlich eingelagert. Auf dem Hof ist es jetzt ruhig. Der Großvater bindet aus Birkenreiser seine Riedlbesen und schnitzt die Holzschuhe, die alle auf dem Hof das ganze Jahr über anhaben. Im Sommer steckt man barfuß darin, im Winter mit Wollsocken, die die Frauen in der kalten Jahreszeit in der Stube stricken und mit „Manchester", einer Art festem Cordstoff besetzen. Auf gleiche Weise fertigen sie auch derbe Handschuhe an.

Vor Weihnachten kam der Metzger und schlachtete die zwei Schweine, die übers Jahr den Hof mit Fleisch und Wurst versorgten. Blut- und Leberwurst gab es dann frisch, ebenso roten und weißen Presssack, eine Art saure Sülze aus dem gekochten Kopffleisch des Schlachttieres. Der rote war mit Blut zubereitet. Wichtig war, dass alles gut gewürzt war. Wo an der Würze gespart wurde, hat das alles nicht

39

geschmeckt. Einmal kann ich mich daran erinnern, dass der Metzger eine Dauerwurst gemacht hat, als im Sommer eine Kuh, die sich verletzt hatte, notgeschlachtet werden musste. Die Wurst hielt lange und schmeckte sehr gut. Bei Notschlachtungen wurde außerdem in der Nachbarschaft eingesagt; dann konnten die Leute kommen und Fleisch kaufen.

Jetzt, vor dem Winter, wurde das Gros des Fleisches haltbar gemacht und so eingelagert, dass es die kommenden Monate hielt. Kühl- oder Gefrierschränke gab es ja noch lange nicht. Solange es fror, hielt sich das zu handlichen Stücken zerteilte Frischfleisch im Keller. Wenn es wärmer wurde, pökelte der Großvater es ein. Ordentlich packte er die gleichmäßig geschnittenen Fleischstücke zwischen Salz- und Zwiebelschichten in einen Zuber. Wenn es später im Jahr so warm wurde, dass auch die Salzkonservierung nicht mehr ausreichend vor dem Verderben bewahrte, wurden die restlichen Stücke in die Selche gehängt: Eine gemauerte Kammer am Kamin, in der, über Schieber geregelt, der Kaminrauch über das Fleisch strich und es rußschwarz räucherte. Dieses Schwarzgeräucherte wurde dann aufgeschnitten zur Brotzeit gegessen oder in Sauerkraut mitgegart. Manchmal gab es Geselchtes auch als Kochfleisch. Das mochte ich nicht. Schlimmstenfalls machte die Großmutter Brotknödel aus den Resten des Sauerteigbrotes vom Bäcker dazu, das frisch immer allen schmeckte, aber altbacken nicht mehr beliebt war.

Eier und Butter verderben nichts

So wie die Arbeit auf dem Bauernhof organisiert war, hatte meine Mutter wenig Zeit für mich und es verband mich nicht viel mit ihr. Sie hat mich bestimmt geliebt, auf ihre Weise, aber wir hatten nicht viel miteinander zu tun, und meine Beziehung zu ihr unterschied sich nicht viel von der, die ich zu ihren Geschwistern hatte. Ich wuchs in der Gemeinschaft auf und so, wie ich meine Tanten Katharina und Anne „Katl" und „Nane" nannte, sagte ich „Maria" oder „Mari" zu meiner Mutter. Sie selbst schrieb ihren Namen in englischer Schreibweise mit einem Ypsilon am Ende.

Während meine Mutter als „kloans Bockerl" schon zu so viel Arbeit herangezogen worden war, blieb ich als Enkelin von ernsthafter Feld- und Stallarbeit verschont. Stattdessen fand ich Unterschlupf in der Küche bei der Großmutter, die mich eigentlich großgezogen hat. So wie ich es von meinen Tanten und Onkeln hörte, nannte auch ich sie mein Leben lang „Muata" (Mutter). Ausschließlich für den Haushalt zuständig, war ihr Wirkungsbereich hauptsächlich die Küche. Dort habe auch ich mich aufgehalten, ließ mich verwöhnen und schaute ihr zu, wie sie kochte und wirtschaftete. Ihr angestammter Platz war vor dem eisernen schwarzen Küchenherd, unter dem die Holzscheite für das Feuer lagerten. Daneben hatte ich mein Plätzchen: Ein Kindertisch aus schönem Holz, liebevoll gefertigt und ein passendes Stühlchen mit einer aufwendigen geschwungenen Lehne. Beides hatte, aus Freundschaft, ein Bekannter der Familie aus dem Bayerischen Wald gebaut und mir geschenkt. Herr Achatz war Tischler und kam gelegentlich den fast 50 Kilometer weiten Weg von Perlesreut zu Fuß nach Buch. Bei einem dieser Besuche brachte er das Tischchen mit, das er wie eine Buckelkraxe auf dem Rücken tragend transportierte. Beim nächsten Mal hatte er in gleicher Weise den Stuhl dabei. Dieser Sitzplatz, um den ich noch lange vielfach beneidet wurde, stand also neben dem großen eisernen Küchenherd, und die Großmutter setzte sich auf ihrem dreibeinigen Hocker oft zu mir an mein Tischchen zum Gemüseschneiden und Kartoffelschälen. Wenn ein wenig Zeit war, während der Braten schmurgelte und die Knödel im Wasser zogen, haben wir oft geschmust. Katze haben wir gespielt. Sie war die alte und ich die junge, und wir haben uns auf verschiedenste Weise angemaunzt und zugeschnurrt und die Köpfe aneinander gerieben. So hatten wir es recht traulich, bis sie wieder aufstehen musste, um in ihren großen Töpfen zu umzurühren.

* * *

Großmutter Katharina sorgte dafür, dass alle, die von morgens bis abends im Hof und auf den Feldern arbeiteten, gut und reichlich zu essen hatten, wenn sie hungrig hereinkamen. „Eier und Butter verderben nichts" – diesen Grundsatz für gutes Kochen hat sie mir für's Leben mitgegeben. Mit ein paar Eiern mehr im Kaiserschmarrn oder in den Semmelknödeln machte man also nie etwas verkehrt. Ich habe mich darangehalten und mir später einmal sagen lassen müssen, „dass man der Fanni nicht nachkochen" könne. Der heimliche Vorwurf war, dass es leicht gut kochen ist, wenn man so großzügig mit guten Zutaten umgeht. Das habe ich also von der Großmutter und mich auch nicht davon abbringen lassen.

Zu meinen wenigen Aufgaben als einziges Kind auf dem Hof gehörte es, die Eier zu suchen und sie der Großmutter in die Küche zu bringen.

Das war gar nicht so leicht, denn die Hühner liefen frei in Hof und Garten und den angrenzenden Wiesen herum und legten, wo es ihnen gerade gefiel. Die Großmutter versuchte, sie mit Nesteiern aus Gips oder Stein zu „überreden", sich an Stellen zu halten, die gut zugänglich waren, aber meistens legten die blöden Viecher doch, wo sie wollten.

Wenn einmal in der Woche der Eiermann auf seiner Rundreise über die Bauernhöfe vorbeikam, verkaufte ihm die Großmutter, was sie an Hühnereiern, Butter und Schmalz selbst nicht brauchte. Der Großvater verkaufte alles andere, was am Hof überschüssig erzeugt wurde: Getreide, Kartoffeln, Schweine, Kälber usw. und wirtschaftete mit dem Erlös. Das „Eiergeld" aber war die persönliche Einnahmequelle der Großmutter. Sie kaufte damit bei ihren sonntäglichen Einkäufen nach dem Kirchgang die Lebensmittel und Dinge für den Haushalt, die der Hof nicht selbst hervorbrachte. Viel Geld zur privaten Verwendung brauchte niemand auf dem Hof.

Über den Tag bereitete die Großmutter vier Mahlzeiten für mindestens zwölf hungrige Esser. Frühstück gab es morgens um sechs in der Stube, wenn, vor allem im Sommer, die Leute schon ein paar Stunden lang schwer gearbeitet hatten. Alle saßen um den großen quadratischen Tisch. Es gab Suppe aus dem reichen Repertoire der Großmutter: Topfensuppe aus dem krümeligen Frischkäse, der entstand, wenn man Milch aufkochte und über Nacht stehen ließ, Oalsuppe und Trebernsuppe auf der Basis von Mehlschwitze. Im Winter gab es oft eine „Hiagstsuppe" (Herbstsuppe) aus Milch und Rahm, die mit Kartoffelmehl angedickt wurde. Für die Sauermilchsuppe wurde aus einem großen Topf Milch geschöpft, die man in einem Holzfassl sauer hat werden lassen. Die wurde dann aufgekocht und mit einem „Toagal", einer Mehlschwitze, angedickt. Dann kam ein Schuss Rahm dazu und Pfeffer und Salz. Zur Morgensuppe aß man warme Kartoffeln, von denen ohnehin immer viele gekocht wurden, weil die Säue damit gefüttert wurden. Aus der großen Suppenschüssel löffelten alle gemeinsam heraus.

Während die anderen ihre Arbeit draußen wiederaufnahmen, machte sich die Großmutter daran, die Milch, die aus dem Kuhstall herübergebracht worden war, zu verarbeiten. Mit dem kurbelbetriebenen „Separator" wurde die Sahne von der Milch getrennt. Dazu goss sie die frische Kuhmilch aus den großen Blechkannen in die Zentrifuge und werfelte, so schnell sie konnte, an der Kurbel, bis aus zwei unterschiedlichen Auslässen Sahne und Magermilch vollständig herausgelaufen waren. Danach hat sie die Einzelteile des Seperators sauber ausgewaschen und, wenn es draußen schön war, zum Trocknen in die Sonne gestellt.

Für die abgeschiedene Magermilch gab es in der Küche nicht viel Verwendung; sie wurde überwiegend an die Schweine verfüttert. Der fette Rahm hingegen wurde in großen Hefern im Keller kaltgestellt, bis ausreichend viel beisammen war, dass sich das Buttern lohnte. Das war etwa einmal in der Woche. Dazu wurde der Rahm ins große hölzerne Butterfass geschüttet, an dem wieder so lange gekurbelt wurde, bis sich klumpig die gelbe Butter von der wässrigen Buttermilch absetzte. Im Sommer, wenn es zu warm war, ist aus dem Buttern oft nichts geworden. Statt eines festen Klumpens entstand ein grieseliger Matsch im Butterfass, über den sich dann die Schweine freuen durften. Einen Teil der Butter ließ die Großmutter zu Schmalz aus, das lange haltbar war und als bekömmliches Bratfett in der Küche reichlich Verwendung fand. Dazu erhitzte sie langsam Butter in einem Topf so lange, bis das enthaltene Wasser verdampft war. Das geklärte Fett goss sie in irdene Schmalztöpfe ab und der verbleibende weißliche Rest aus geronnenem Eiweiß fand Verwendung beim Kochen.

Was von der Buttermilch übrig war, bekamen zum großen Teil auch die Schweine, weil mehr davon anfiel, als verbraucht werden konnte. Aber oft hat die Großmutter Buttermilchkäse gemacht. Dazu erhitzte sie die Buttermilch in einem Topf und dickte sie mit einem Toagal an. Um es herzhafter zu machen, rührte sie manchmal ein wenig würzigen Romadur-Käse hinein, den sie erwärmte, damit er sich weich mit dem Rest verband, und schmeckte ab mit Salz, Pfeffer und Kümmel. Schließlich rührte sie Rahm unter, bis die gewünschte Konsistenz erreicht war.

Im Sommer machte man sich die Umgebungswärme zunutze, um „g'steckelte Milch" anzusetzen. Frische Vollmilch wurde so lange an einem warmen Ort stehengelassen, bis sie stockte. Diese säuerliche Dickmilch stellte man dann im Keller kühl und löffelte als frisches Sommeressen aus robusten irdenen Milchhaferln was die Großmutter nicht zu Topfenkas weiterverarbeite. Dafür wurde die gestockte Milch erhitzt, bis sie gerann und sich der der Käsebruch – der Topfen – von der Molke trennte. Die geronnene Masse wurde durch ein feinmaschiges, mit einem Mulltuch ausgelegtes Sieb gegossen und zum Abtropfen stehengelassen. Das Ergebnis war ein lockerer Frischkäse, ähnlich dem, was man heute als Hüttenkäse kauft. Auch er wurde mit Salz, Pfeffer und Kümmel gewürzt und mit Rahm aufgerührt.

Zum Standardrepertoire gehörte außerdem Erdäpfelkas. Dazu wurden gekochte Kartoffeln gerieben, mit fein geschnittenen Zwiebeln gemischt, gewürzt und mit Rahm zu einer geschmeidigen Masse verrührt.

Wenn es nicht mehr so warm war, gab es „Hiagstmilch" (Herbstmilch): über mehrere Tage wurde jeweils frisch gemolkene Milch in einem Topf mit Deckel gesammelt und stehengelassen, bis sie dicklich und sauer war. Auch die Herbstmilch wurde mit Mehlschwitze angedickt, gewürzt und mit Rahm verfeinert. Auch sie mochte ich nicht.

* * *

Mit all diesen Arbeiten und Vorbereitungen musste die Großmutter rechtzeitig fertig sein, um gegen neun den Leuten die Brotzeit aufs Feld bringen zu können. Dort wurden Buttermilchkas, Topfenkas und Erdäpfelkas dankbar entgegengenommen. Auf dicken, mit frischer Butter bestrichenen Scheiben Brot, die von den großen Bäckerwecken abgeschnitten wurden, schmeckten diese Aufstriche den hungrigen Essern köstlich. Im Kreis am Feldrand sitzend, langten alle gut zu.

Zu trinken gab es in den Übergangszeiten, wenn gehackt und Disteln gestochen wurde, selbst gekelterten Most aus großen Steingutkrügen, in denen er schön kühl blieb. Während der Erntezeit, wenn es heiß war, war „Scheps" in den Krügen: dünnes, also alkoholarmes Bier, das der Großvater auf einer Schubkarre im Fass vom Wirt holte.

Nach dieser stärkenden Pause ging es mit der Arbeit auf dem Feld weiter, bis die Kirchturmglocken um elf die Mittagszeit einläuteten. Dann kamen die Leute zum Mittagessen auf den Hof. In einem der Tränkeimer, die vor dem Ochsenstall im Flur standen, wusch man sich die Hände. Der Muckl machte immer ein rechtes Ritual daraus. Ausgiebig rieb er die Hände im kalten Wasser und trocknete sie danach sorgfältig Finger für Finger ab. Am Abend wusch er sich in dem Eimer auch die Füße oder stellte sie eine Weile zum Kühlen hinein. Dann saßen alle um den großen Tisch, der immer mit einem weißen Tuch gedeckt war. Das Leinen dafür war selbst gewoben, die Großmutter hatte es als Teil ihrer Mitgift auf dem Kammertwagen mitgebracht.

Als Voressen standen Gemüsesuppe oder gekochtes Sauerkraut in einem großen Hafen auf dem Tisch, aus dem alle herauslöffelten. Danach wurden Schüsseln mit gekochtem oder gebratenem Schweinernen in einer herzhaften Soße, Semmelknödel und Kartoffeln oder Kartoffelsalat aufgetragen. Im Sommer gab es einen grünen Salat aus dem Garten dazu. Jeder schnitt sich Fleisch und Kartoffeln oder Knödel auf seinem Teller zurecht und tunkte damit in die Schüsseln nach der Soße. Hans legte Wert auf sein eigenes Besteck. Dafür hatte er sich an seinem Platz an der Unterseite der massiven Tischplatte eine kleine Schublade angebracht, in dem sein persönlicher Satz Messer, Gabel und Löffel griffbereit auf ihn wartete. Nach dem Essen hat er alles der Reihe nach sauber abgeschleckt, mit dem Tischtuch trockengeputzt und wieder in den Schuber gelegt.

Am Nachmittag gab es wieder eine Brotzeit auf dem Feld und am Abend auf dem Hof etwas Ausgebackenes: Krapfen oder gebackene Griesschnitten. Der erste Krapfen hat immer mir gehört. Wenn welche übrigblieben, hat die Großmutter sie am nächsten Tag geviertelt, in Ei gewälzt und gebraten. Das war gut! Auch das Schmalzgebäck füllte große Schüsseln, damit alle satt wurden und bei Kräften und Laune blieben. Wenn gekochte Kartoffeln übrig waren, gab es Fingernudeln: Die Kartoffeln wurden durchgepresst und mit Ei, Mehl und ein wenig Salz zu einem Teig verknetet. Gut bestäubt, damit nichts klebte, wurde er ausgerollt und in gleichmäßige Stücke geschnitten, die dann zu fingerlangen, spindelförmigen Nudeln „gedreht" und in reichlich Butterschmalz goldgelb herausgebraten wurden. Ich habe sie am liebsten in Zucker eingetunkt oder mit Apfelkompott gegessen. Aber die knusprigen Teignudeln waren auch eine beliebte Beilage zu Herzhaftem.

Während der Zwetschgenzeit gab es Maultaschen: Strudelteig aus Mehl, Wasser und Ei wurde geknetet und zu runden „Flecken" im Durchmesser der Breite einer Rein, der metallenen Auflaufform also, dünn ausgerollt. Jeder Fleck wurde mit entkernten, gezuckerten Zwetschen gefüllt, zusammengerollt und schön nebeneinander in die Form gelegt. Diese war großzügig gefettet mit einem Gemisch aus Butterschmalz und dem „saueren" Schmalz, das bei der Butterschmalzbereitung als Rückstand blieb. Die Strudel wurden mit geschmolzener Butter bestrichen, mit Milch aufgegossen und in das Backrohr geschoben, bis die Oberfläche goldbraun gebacken war. Zum Schluss kam Zucker obendrauf.

„Weizernen Schmarrn" machte die Großmutter aus feinem Weizenmehl anstelle des kräftigen Roggens, der überwiegend für Gebackenes Verwendung fand. Dazu wurde das Mehl mit vielen Eiern und Milch zu einem dicken Pfannkuchenteig gerührt. In dem großen eisernen „Schmalztiegel", in dem normalerweise Schmalzgebäck schwimmend auszubacken wurde, wurde reichlich Butterfett zerlassen. Portionsweise wurde der Teig darauf gegossen und auf der Hitze stehen gelassen, bis er stockte. Beim Wenden wurde der entstehende Fladen grob zerrissen und die Brocken in die Rein umgefüllt, wo sie schön klein fertigstoßen wurden, während gleichzeitig die nächste Ladung Teig im Tiegel stockte. Und so weiter, bis der ganze Teig aufgebraucht war. Der fertige Schmarrn wurde im Ofenrohr warmgehalten und vor dem Essen mit Butter bestrichen, die auf der warmen Mehlspeise appetitlich zerlief. Dazu gab es „Kletzentauch“: Kletzen, die getrockneten Zwetschen aus dem Leinenbeutel, in dem sie im Keller luftig aufgehängt waren, wurden über Nacht in Wasser gelegt und anderntags im Einweichwasser zu einer Soße aufgekocht.

Einmal in der Woche gab es „Wochenmarsch“ zur Resteverwertung. In angedünsteter Zwiebel wurden die übriggebliebenen Knödel aufgebraten. Dazu kamen die kleingeschnittenen Fleischreste der Woche. Weggeworfen wurde nichts.

Damit auch die Großmutter am Tag des Herrn ein wenig Ruhe hatte, gab es am Sonntagabend nur Kaffee, in den dann Brot oder manchmal auch Kuchen eingetunkt wurde. Meistens war es ein „Gesundheitskuchen“, den sie gleich nach dem Mittagessen für den Abend buk: Je sechs „Eischwer“ Mehl, Butter und Zucker, etwas Backpulver und ein wenig Milch zum Glattrühren. Ein Rührkuchen also, dessen Zutatenmengen sich aus der Zahl der verwendeten Eier bemaß.

Die Großmutter hat gut gekocht. Sie wusste, wie man dem Essen den richtigen Geschmack gibt. Mengen und Hitze hatte sie im Gefühl. Eine Temperaturregelung, wie sie heute in jeder Küche selbstverständlich ist, gab es nicht. Die Herdhitze wurde über die eisernen Ofenringe reguliert, die man je nach Bedarf über das Holzfeuer legen oder entfernen konnte. Die Großmutter wusste genau, wie sie nachlegen musste, damit der Braten im Backrohr innen saftig und außen knusprig war und der Kuchen gleichmäßig goldgelb wurde.

Trotz alledem gab es auch aus ihrer Küche genug, was ich nicht aß. Aber ich hatte Glück. Der Großvater und ich hatten den gleichen Geschmack. Auch er mochte manches nicht, was auf den Tisch kam, und als Familienoberhaupt bekam er in solchen Fällen etwas Eigenes gekocht. Ich durfte dann bei ihm mitessen. „Eischmalz“ haben wir uns manchmal gewünscht, im Prinzip nichts anderes als Rührei, das er salzig und ich süß aß. Oder wir teilten uns einen Brathering mit Pellkartoffeln.

Wenn es die Großmutter gut mit mir meinte und nachlegen wollte, obwohl ich keinen Hunger mehr hatte, lehnte ich dankend ab: „Naa, Muata, nix mehr, sonst geht mia der Bauch über!"

***

Am Sonntag bin ich oft mit der Großmutter morgens um sechs in die Frühmesse gegangen. Danach hat sie eingekauft im Markt Pleinting, wo die Geschäfte am Sonntag nach der Kirche für ein paar Stunden geöffnet hatten. Beim Braunauer holte sie regelmäßig, was sie an Lebensmitteln brauchte, Rosinen für den Kuchen und Zucker und dergleichen. Spezielleres gab es beim Kissinger. Frau Kissinger hatte ein schönes Gesicht, um das die Großmutter sie wohl ein wenig beneidete. Das komme davon, dass sie lauter feinen Kuchen isst und Wein trinkt, hat sie es sich und mir erklärt.

Beim Markl-Beck kaufte sie Semmeln und nahm Brot aus dem Mehltausch mit. Außerdem hat sie dort meine Schulden beglichen. Unter der Woche habe ich mir nämlich beim Markl immer ein Rippchen Nussschokolade gekauft und ein Eiweckerl mit Rosinen drin. Die habe ich anschreiben lassen, und die Großmutter hat am Sonntag bezahlt. Das ging meistens ganz stillschweigend. Nur manchmal habe ich vorher schon gebeichtet, wenn ich mir etwas außer der Reihe gegönnt hatte.

Bei diesen Einkaufsrunden habe ich oft etwas über die Geschäftsleute erfahren, bei denen wir einkehrten. Vom Braunauer etwa hat mir die Großmutter erzählt, dass er ein „Spinaterer" sei, ein „warmherziger Bruder" also, wie sie erläuterte. Ich wusste weder, was das eine noch was das andere ist, und sie hat es mir auch nicht näher erklärt, aber ich weiß noch genau, wie sie es mir erzählt hat. Der Herr Braunauer war ein fleischiger, unappetitlicher Mann. Das gut laufende Geschäft hat seine Frau betrieben.

Auf dem Heimweg kamen wir an dem Tuchgeschäft vom Birkner Karl vorbei, ein älterer Junggeselle, der meine Tante Zenz vom benachbarten Hiablhof verehrte. Die Verbindung kam nicht zustande, weil sie so extravagante Forderungen an das Brautkleid stellte, das er ihr nähen sollte, dass er die Idee vom Heiraten ganz aufgab und als Junggeselle starb.

47

Wenn die Großmutter nach Kirchgang und Einkaufsrunde zu Fuß wieder zuhause angekommen war, machte sie sich daran, das Mittagessen zu kochen. Die anderen waren jetzt im Hochamt, das um neun Uhr begann. Nach der Kirche sind alle noch ein wenig herumgestanden. Der Brauch, zum Frühschoppen ins Wirtshaus zu gehen, war noch nicht allgemein üblich. Um elf war der Schweinsbraten fertig, die Kirchgänger waren wieder daheim, und es wurde gegessen. Die Frauen vom Hiabl-Hof, gläubiger oder christlicher oder bigotter, sind den weiten Weg zur Kirche nach Pleinting hinunter am Sonntagnachmittag nochmal gegangen. Dagegen ging es beim Müllerbauern liberaler zu. Die Männer sind am Nachmittag manchmal auf eine Halbe Bier zum Wirt gegangen. Aber nie haben sie mehr getrunken, als sie vertragen konnten, und zum Füttern waren alle wieder im Stall.

***

So wie mich die Großmutter nach der Kirche zum Einkaufen mitgenommen hat, so habe ich den Großvater bei seinen geschäftlichen Fahrten in die Umgebung auf dem Steirerwagl begleitet. Quer über die Holzbrüstung des Wagens hat man einen hölzernen Sitz gelegt; ein weinroter Überwurf aus Wollfilz hielt uns warm. Je nachdem, was zu erledigen war, ging es auf der Sandstraße hinunter Richtung Pleinting, um Mehl beim Markl-Beck abzuliefern oder auf der Raiffeisenkasse mit dem Filialleiter Kramlmeier einen Ratsch zu halten. Um finanzielle Geschäfte ging es dort selten. Sein Geld hat der Großvater, der eine Hand hatte für solche Dinge, lieber selbst verliehen, als es der Bank zu geben. Dem Sattler Toni hat er zum Beispiel ein Darlehen gewährt für dessen Hausneubau in Pleinting jenseits der Bahnlinie. Immer am Neujahrstag kam der Toni und hat Zins gezahlt. Das Ereignis wurde wie eine geheime Reichssache gehandhabt, obwohl nichts Verbotenes oder Ehrenrühriges dabei war, Geld zu verleihen. Jedenfalls hat er sich geldmäßig ausgekannt, der Großvater.

Auf der alten Straße ging es von Pleinting kurvenreich und eng weiter nach Vilshofen, wenn er etwas auf dem Finanzamt oder in der Kreisverwaltung zu regeln hatte. Nachdem das Geschäftliche erledigt war, führte der Weg beim Dr. Schnabelmeier vorbei rechts abbiegend durch die Unterführung unter der Bahnlinie her und von dort aus immer steiler werdend den Hördter Berg hinauf. Das war eine abenteuerliche Fahrt! Eine ausgebaute Straße gab es nicht; der Weg war schon bei gutem Wetter schlecht genug, aber wenn es geregnet hatte, waren tiefe Rinnen ausgewaschen. Das Pferd musste sich schwer ins Zeug legen und den steilen Anstieg regelrecht hinaufklettern. Ich habe mich jedes Mal gefürchtet. Noch schlimmer war es, wenn die Runde andersherum ging und wir dieses Stück bergab fahren mussten. Dann ist der Großvater abgestiegen und hat das Ross geführt und ich habe mir die Augen zugehalten und gehofft, dass wir heil unten ankommen.

Wenn der Anstieg geschafft war, ging es an Pleckental und dem Weiler Oberreut vorbei in Richtung Alkofen, bevor die Straße wieder rechts Richtung Pleinting und nach Oberbuch abzweigte. Auch dieses Stück Weg war mir nicht recht geheuer. Die Pleckentaler hatten kein gutes Ansehen. Sie galten als asozial und man sagte ihnen nach, „Zuchthäusler" zu sein.

Regelmäßig sind wir auch zur Mühle gefahren, um Getreide gegen Mehl einzutauschen und meist hat der Großvater das Mehl dann auf direktem Weg nach Pleinting zum Markl-Beck gebracht und es gegen Brot eingetauscht. Zur Mühle ging es von Alkofen aus in Richtung Aldersbach, zuerst auf einer schönen breiten Straße, bis ein Weg abzweigte zum Müllerlohegraben hin, dessen Wasser das Mühlrad antrieb. Dieses letzte Stück war dann wieder sehr holprig.

Familie Neubauer vom Hiablhof

Den Nachbarhof, Hiabl mit Hausnamen, bewirtschaftete die Familie Neubauer. Er grenzte direkt an den Müllerbauernhof an und war von Größe und Vermögen her mit diesem vergleichbar. Zwischen dem alten Hiabl und meinem Großvater hatte es immer Spannungen gegeben, deren eigentlichen Ursprung ich nicht kannte. Sie standen sich nicht direkt feindselig gegenüber, aber von echter Freundschaft konnte auch keine Rede sein. Nachdem der alte Hiabl gestorben war, wurden die nachbarschaftlichen Beziehungen besser. Soweit ich zurückdenken kann, haben die sieben Neubauer-Schwestern gemeinschaftlich den Hof bewirtschaftet. Auch zwei Brüder gab es, die es nicht hielt in Oberbuch. Einer von ihnen war mein Vater.

Die Eltern der Geschwister Neubauer, meine Großeltern väterlicherseits, waren schon in ihren Neunzigern, als ich auf die Welt kam und meine Erinnerung reicht nicht bis zu ihnen. Der Vater hieß Hans. Wie die Mutter mit Vornamen hieß, weiß ich nicht.

Großmutter Neubauer mit ihren Töchtern Kat und Luis

Vom alten Neubauer wurde erzählt, er habe seinen Töchtern geraten, sie sollen alle zusammenbleiben und nicht heiraten; so ginge es ihnen besser in ihrem Leben. Vielleicht hat er eine persönliche Ansicht überzeugend vermittelt, vielleicht wollte er auch einfach nur das Heiratsgut sparen. Und egal, ob es aus Vertrauen in die Lebensweisheit des Vaters war oder sich einfach nichts Anderes ergeben hat, die Schwestern haben tatsächlich ihr Leben lang auf dem Hof zusammengelebt und gearbeitet, wie in einer Klostergemeinschaft.

Streng ging es zu bei der Familie Neubauer; man war frommer, wenn auch nicht so friedlich, wie beim Müllerbauern, aber erfolgreich waren die Schwestern allemal.

„Bauer" war die Theres. Sie teilte die Arbeit ein, wirtschaftete gut und wurde über 90. Zusammen mit der jüngsten Schwester Luis kümmerte sie sich um den Kuhstall. Die Luis hätte gern den Müllerbauern Hans geheiratet, aber letztendlich ist sie doch den Schwestern treu geblieben. Mit 57 Jahren starb sie plötzlich und unerwartet.

Maria, die Älteste, war für Küche und Hauswesen samt Garten und Hühnerhof zuständig. Sie wurde nur 58 Jahre alt. Nach ihrem Tod nahm Kreszenzia, „Zenz", diese Stelle ein, die Gefühlvollste von allen. Sie pflegte Freundschaften und knüpfte neue, und war überhaupt der gute Geist der Familie. Der schon erwähnte Tuchhändler Karl Birkner hat lange um sie geworben, aber ihre Bedingung war anspruchsvoll: „Wenn wir heiraten wollen, musst du mir ein Kleid machen mit einer Schleppe vom Kriegerdenkmal bis in die Kirche hinein." Das waren an die 100 Meter und erschien dem Freier wohl unerfüllbar. Die Heirat kam nicht zustande. Wer weiß, ob sie ihn genommen hätte, wenn er ihr den Wunsch erfüllt hätte? Vielleicht hat ihn die Zenz auch nur gefoppt. Wie es war, blieb sie ledig. Sie hatte einen kranken Fuß, mit dem sie 84 Jahre alt geworden ist.

Anna war kränklich und für schwere Arbeit nicht zu brauchen. Also bekam sie die Verantwortung für die Finanzen. Auf einem kleinen Steirerwagerl, vor dem ein braves Pferd gespannt war, ging sie – wie mein Großvater – auf die Reise in die nahe Kreisstadt oder in die Orte der Umgebung, wo sie Einkäufe erledigte, zur Bank ging und Behördengänge machte. Auch das Getreide brachte sie zur Mühle, tauschte es in Mehl ein, fuhr das Mehl zum Bäcker, und holte nach und nach das Brot, das ihr im Tausch dafür zustand. Die Wege kannte ich gut von meinen Fahrten mit dem Großvater. Anna war eine belesene Frau und wusste über alles Bescheid. Sie war ein leiser Mensch und man sah, dass die Gesundheit nicht bei ihr war. Sie wurde 60 Jahre alt.

Auch bei den Neubauer-Frauen gab es ein schwarzes Schaf. Katharina („Kat") brachte 1920 ein lediges Mädchen zur Welt. Sie muss einen schweren Stand gehabt haben, weil es sehr religiös zugegangen ist auf dem Hiablhof, und dann so eine Schand'! Katharina wurde nur 38, bevor sie an Krebs starb und ihre Tochter Maria in der Obhut von Kreszenz ließ. Noch jünger, in ihrem vierzehnten Lebensjahr, starb die jüngste Schwester Franziska. Sie war die Freundin meiner Mutter, die mich nach ihr benannte.

Einen Buben gab es noch auf dem Hof: Auch der Bruder meines Vaters hatte ein uneheliches Kind, den die Schwestern für ihn aufzogen und so die Alimente sparten. Dafür arbeitete er im Rossstall mit. Der Sepp war mein Cousin, aber er war schon erwachsen, als ich auf die Welt kam und wir hatten nie viel miteinander zu tun. Später hat man ihm ein wenig Heiratsgut gegeben und ihn in ein Sachl bei Landau an der Isar verheiratet.

Die Frauen wirtschafteten gut miteinander und hatten Erfolg durch Fleiß und Sparsamkeit. Weil so wenig wie möglich ausgegeben wurde, kam ein beachtliches Barvermögen zusammen, das mit den Währungsreformen 1923 und 1948 zweimal allen Wert verlor. Beide Male erholte sich der Hof und wurde rasch wieder wohlhabend.

So sehr die Schwestern und der Hof von dieser „Weiberwirtschaft" profitierten, so frustriert müssen die Brüder gewesen sein. Der jüngere Hans ging nach Amerika und kam niemals mehr in seine Heimat zurück. Es gab keinen Brief und keinen Besuch und keinen Hinweis, was aus ihm geworden ist. Gerüchteweise hörte man, dass er eine „Schwarze" geheiratet haben soll!

Sepp Neubauer, mein Vater

Eigentlich hätte meinem Vater Josef, „Sepp" Neubauer, als ältestem Sohn der Hof zugestanden. Weil er ihn mit den Schwestern teilen musste, konnte er aber nicht Bauer werden und heiraten. Vielleicht wurde er deswegen mit der Zeit liederlich und unzuverlässig. Meine Mutter mochte ihn gut genug leiden, um zweimal von ihm schwanger zu werden und sie hätte ihn geheiratet, wenn es ihr der Großvater nicht verboten hätte. 1924 brachte sie vierundzwanzigjährig meine Schwester Mathilde zur Welt. Zwei Jahre später wurde ich geboren.

Meinem Vater bin ich ein paarmal begegnet, mehr nicht. Er hat sich nicht um mich bemüht und ich mochte ihn nicht. Als Vater hätte ich ihn nicht haben wollen. Später ging er weg und heiratete eine Kriegerwitwe, deren Mann im Ersten Weltkrieg gefallen war. Kinder haben sie keine bekommen. Er wurde 95 Jahre alt.

Der Großvater wurde mein Vormund. Er sorgte dafür, dass mein Vater Alimente zahlen musste. Weil der selbst kein Vermögen hatte, musste der Hof dafür aufkommen. Eine Abfindung von 2.500 Reichsmark, viel Geld in der damaligen Zeit, wurde ausgehandelt und bezahlt. Der Großvater legte das Geld mündelsicher an. Von den Zinsen wurde eine Aussteuerversicherung bezahlt. Nach 1945 war das Geld wertlos und die Versicherung verfallen. Mir ist nichts geblieben als das wertlose Sparbuch, das ich noch heute zur Erinnerung besitze. Seitdem halte ich nicht mehr viel von Banken und Versicherungen.

Obwohl die sparsamen Neubauer-Schwestern eine Menge Geld für den Fehltritt ihres Bruders aufbringen mussten, waren auch hier alle

freundlich zu mir, und niemand hat seinen Unmut, wenn es einen gegeben hat, an mir ausgelassen. Ich war oft auf dem Hiabl-Hof, weil Maria,
die uneheliche Tochter von Katharina, meine Freundin war. Sie war
sechs Jahre älter als ich und das einzige Kind in der näheren Umgebung,
das ich kannte.

Lehrerin war immer die Zenz

Bevor ich in die Schule kam, war ich einen Sommer lang im Kindergarten in Pleinting. Da staunte ich erst mal, wie viele Mädchen und Buben
es gab. Mit Ausnahme von Maria kannte ich ja nur Erwachsene bis dahin. Und gleichaltrige Buben kamen in meiner Umgebung überhaupt
nicht vor.

Als einziges Kindergartenkind und dann, ab Ostern 1933, als Erst-
klässlerin, ging ich den drei Kilometer langen Fußweg mit Maria und
drei Mädchen aus der Nachbarschaft. Die Schwestern Zenz und Maria
Hochreiter kamen aus dem weiter den Berg hinauf gelegenen Hochreit,
und die Donnerbauer Anna stammte aus einem Einödhof ein Stück über
Oberbuch hinaus. Gemeinsam liefen wir am Morgen eine Stunde hin
und am Mittag wieder eine Stunde zurück; immer zu zweit nebeneinander. Auf dem Nachhauseweg wurde Schule gespielt. Die Zenz war die
Älteste und durfte daher die Lehrerin sein. Die restlichen drei waren die
Schulkinder, die sich von ihr abfragen ließen. Für mich war das alles neu
und hochspannend und ich mochte diese langen Fußwege mit den großen Mädchen. Am Ende meines ersten Schuljahres waren die anderen
mit der Schule fertig. Es gab nur sieben Klassen Volksschule. Ab der
zweiten Klasse ging ich den weiten Schulweg ganz allein. Aber es hat
mir nichts ausgemacht, ich ging gern zur Schule.

Franziska Eder in der 1. Klasse

1935 – 1948

Meine Mutter heiratet

Als ich acht Jahre alt war, kam gelegentlich ein mir unbekannter Mann zu Besuch. Aus dem gelegentlich wurde regelmäßig, und zwar an jedem zweiten Sonntagnachmittag. Es dauerte einige Zeit bis ich erkannte, dass die Aufmerksamkeit des Fremden meiner Mutter galt. Daraufhin wurde er mir unsympathisch. Als Geschenke brachte er mir immer Schokolade oder Bonbons mit. Erstere schenkte ich an meine Tante weiter, die Bonbons gab ich dem Hofhund. Ansonsten ließ ich mich nicht beeindrucken. Es wurde auch von niemandem darüber geredet. So verging ein Jahr.

Zu Weihnachten 1934 stellt mir meine Mutter eine Bahnfahrt in Aussicht. Sie wollte mich den Angehörigen ihres Verehrers vorstellen. Ich war nicht froh über diesen bevorstehenden Besuch, aber die Bahnfahrt, meine erste, interessierte mich schon. Also fuhren wir am zweiten Weihnachtstag vormittags die drei Stationen von Pleinting nach Langenisarhofen mit dem Zug, gingen dann einen Kilometer zu Fuß und waren am Ziel. Empfangen wurden wir von dem mittlerweile bekannten Mann, seiner Schwester und seiner Mutter, die alle auf dem Hof lebten. Die Mutter war eine hochgewachsene korpulente Frau mit großen grauen Augen, aus denen sie böse herausschaute. Aus München war ein jüngerer Bruder zu Besuch gekommen. Als Weihnachtsgeschenk bekam ich eine schöne Puppe. Am Nachmittag nahm mich die neue Tante, die, wie ich fand, auch etwas Böses im Blick hatte, in ein Schultheater mit. Es wurde Schneewittchen aufgeführt. Derartiges hatte ich noch nie gesehen und das Spiel gefiel mir sehr gut. So verging der Tag und am Abend machten wir uns wieder auf den Heimweg. Wir nahmen den letzten Zug; es war schon lange dunkel. Der Mann, den ich immer noch nicht mochte, begleitete uns zum Bahnhof. Er ging mit meiner Mutter auf der linken Straßenseite und ich mit meinem Puppenkarton auf der rechten. Die Straße war nicht breit, wohl oder übel hörte ich ihre Unterhaltung mit an. Meine Mutter solle ihre Sachen packen und zu ihm kommen; er wolle sie bald heiraten. Nun wusste ich's. Nicht lange danach wurde die Hochzeit auf den 15. Februar 1935 festgesetzt.

Der Winter war kalt und schneereich. Anfang Februar war ich mit meiner Schulklasse beim Schlittenfahren. Die Kinder tummelten sich auf einem kleinen Bergerl, und da ich keinen Schlitten dabeihatte, rutschte ich den vereisten Hang auf den Schuhen hinunter. Unten verlor ich das Gleichgewicht, ruderte mit den Armen und versuchte, den unvermeidlichen Sturz mit den Händen aufzufangen. Dabei verletzte ich mir den linken Arm nahe der Handwurzel so stark, dass schnell eine sehr schmerzhafte Schwellung entstand. Man sah gleich, dass etwas passiert war. Die Lehrerin schickte mich mit einem der großen Schulmädchen nach Hause. Die ältere Schülerin fand aber den Weg zu weit und beschwerlich. „Ab hier kannst eh allein weitergeh'n, gell?!", mit diesen Worten kehrte sie nach der halben Strecke um und ließ mich den Rest alleine laufen. Als ich heimkam, war niemand da außer meiner Tante Katl, die gerade mit dem Postboten redete. Meine Mutter, die Großmutter und der Großvater waren in der Stadt bei Hochzeitseinkäufen. Also schlich ich die Treppe hinauf und legte ich mich unter großen Schmerzen ins Bett. Als der Postbote weg war, suchte mich meine Tante und fand mich in der Kammer. Ich zeigte ihr meinen verletzten, dicken Arm; wir waren beide ratlos, was nun zu tun sei.

Am späten Nachmittag kam die Familie zurück und begutachtete meine Verletzung. Der Großvater vermutete einen Bruch. Es war schon dunkel, der Doktor weit entfernt, also schickte der Großvater zum alten Wirt, der bekannt dafür war, in solchen Fällen Hilfe leisten zu können. Der kam auch, stellte fachmännisch fest, dass der Arm gebrochen sei und bot an, ihn zu schienen. Dazu brauchte er ein großes Scheit Holz, von dem schnitt er mit einem Messer dünne Späne ab, legte sie auf meinen Unterarm und band sie mit einer Binde fest. Wie ich die Nacht ausgehalten habe, weiß ich nicht mehr. Am Morgen spannte der Großvater das Pferd vor sein Wagl und fuhr mit mir zum Doktor nach Vilshofen zum Doktor Schnabelmeier. Der diagnostizierte den Bruch eines Knochens und die Prellung eines anderen. Man brachte mich ins Krankenhaus, ich bekam eine Narkose, der Doktor richtete meinen Knochen zurecht und verpasste mir einen Gipsverband von den Fingern bis unter die Achsel. Der Großvater zeigte mir oft die Doktor- und Krankenhausrechnung, die er für mich bezahlt hatte.

Nun hatte ich vier Wochen schulfrei, weil ich wegen meines unförmigen Gipsarmes keine normale Kleidung tragen konnte. Mitten in diese Zeit hinein fand die Hochzeit meiner Mutter statt. Der Großvater war gegen die Verbindung gewesen, weil er sah, dass sie auf dem unwirtschaftlichen Hof und unter den hartherzigen Menschen, die dort lebten, außer viel Arbeit nichts Schönes erwartete. Aber sie wollte es so und hat ihren Willen durchgesetzt. Oder den des Mannes, der nun mein Stiefvater wurde. So wurde Hochzeit gefeiert in Moos, bei der ich nicht dabei war, weil ich mit meinem Gips nichts Geeignetes anziehen konnten. Der einzige Eindruck, den ich von der Verheiratung meiner Mutter habe, stammt von ihrem Hochzeitsfoto. Über dem schwarzen Hochzeitskleid

trug sie einen feinen weißen Schleier, der mit zarten Stickereien einge-
fasst war. Von den Feierlichkeiten weiß ich nichts. Ich habe nicht danach
gefragt.

Maria Eder und Gustav Bartl heiraten am 15. Februar 1935

Mir blieb noch eine Galgenfrist von drei Wochen bei den geliebten Großeltern, den Onkeln und Tante Katl in Buch. Aber ich hatte auch Heim-
weh nach meiner Mutter, die auf dem Müllerbauernhof jetzt fehlte.

Moos

Das Dorf, in das mich im März 1935 meine Mutter holte, nachdem der Gips abgenommen war, lag abseits der Bahnstrecke von Passau nach Regensburg. Die nächstgelegene Haltestelle war Langenisarhofen. Vom Bahnhof kommend, querte man die Bundesstraße 8, an der sich der Ort entlang zog. Auf der gegenüberliegenden Seite stand an der Kreuzung das Wirtshaus Schmaz, dahinter reihten sich noch ein paar Häuser und Höfe, bevor der Weg einen Kilometer über freies Feld führte. Den Ortseingang von Moos kennzeichnete eine langgezogene Mauer, die an die Straße heranreichte. Dahinter lag und liegt heute noch die Arco-Brauerei, wo schon seit ein paar hundert Jahren Bier gebraut wird. Sie gehört zu den Gütern der von und zu Arco-Zinnebergs, deren Schloss und die dazugehörende Ökonomie den Ort bis heute prägen. An der Brauereimauer entlang führt der Weg ein Stück bergab, bevor er durch die prächtige kastanien- und lindengesäumte Schlossallee geradewegs auf eine Mariensäule zuläuft. Die bekrönte Muttergottes mit dem Kind auf dem Arm schaut von der Höhe ihrer steinernen Säule den Ankommenden entgegen. Das Postament, auf dem die Skulptur ruht, markiert den Mittelpunkt eines Wegedreiecks. Hinter ihr liegt die westliche Toreinfahrt zum Schloss Moos mitsamt seinem inneren Schlosshof und dem Weiher, der von einem einstmals geschlossenen Wassergraben übriggeblieben ist. Im flachen Teich dösen damals wie heute fette Karpfen. Auf der niedrigen, zum Sitzen einladenden Mauer, die der befahrbaren, kiesgedeckten Brücke über den Teich als Geländer dient, steht eine steinerne Statue des Brückenheiligen Johann Nepomuk. Linkerhand bildet das ehemalige Wasserschloss Moos den nördlichen Schenkel eines Innenhofes, das auf den übrigen drei Seiten von Ökonomiegebäuden umgeben ist. Das Schloss selbst ist eine viergeschossige quadratische Anlage. Die Gebäudeflügel sind mit vier zwiebeldachgekrönten Ecktürmen miteinander verbunden. Nach Norden blickt das Schloss in einen ausgedehnten, von einer hohen geweißelten Mauer eingefassten Park, in dem Überreste des ehemaligen Wehrgrabens in Form von Fischteichen erhalten sind. Die Front zeigt auf den weiten Innenhof, in dessen Mitte eine mächtige Linde steht. Von der westlichen Toreinfahrt kommend, führt der Weg am Schloss entlang durch einen Torturm wieder hinaus. Hier im Turm, der die östliche Ecke der Schlossanlage markiert, hatte früher der Hufschmied seine Werkstatt. Jenseits des Torbogens liegen die Scheunen und Lagerhallen des gräflichen Gutsbetriebes. Am nordöstlichen Rand des Geländes war früher die Gärtnerei, die den Schlosshaushalt mit Obst und Gemüse versorgte. Linkerhand um die Schlossmauer herum führt der Weg vorbei an der alten Reitschule mit ihren dicken Mauern und einer umfänglichen Steinsäule in der Mitte und schließlich in den nach Münchener Vorbild geschaffenen „Englischen Garten".

Früher war es ganz normal, dass man den Weg durch den Schlosshof nahm, um von der Allee zum Englischen Garten zu gelangen oder zur Bäckerei Salzberger abzukürzen. Das schwere Gittertor aus Holz mit den oben angespitzten Pfeilern hat beim Öffnen immer gequietscht. Heute ist der Öffentlichkeit das Betreten des Geländes verwehrt. Nur die Kirchgänger, die am Sonntag die Messe in der kleinen Schlosskirche besuchen, dürfen das Privatgelände durchqueren. Also bleiben wir auf unserem Gang durch das Dorf an der Mariensäule vorbei brav auf der nach rechts abknickenden Hauptstraße. Rechterhand ziehen sich die eingeschossigen Gebäude der gräflichen Gutsverwaltung entlang. In dem sich anschließenden niedrigen Haus war einst die Gendarmerie untergebracht, bis die Polizeistation in das nahe Plattling verlegt wurde. Jetzt folgen wir der halbhohen Mauer, die den großzügigen, kastanienbeschatteten Biergarten der Schlosswirtschaft einfasst. Weiter die Hauptstraße entlang reihen sich – links im Bogen um das Schloss herum – zweistöckige Mietshäuser, die für die im Schlussgut angestellten Bediensteten erbaut wurden. Sie sind dem Baustil von Versailles nachempfunden und „kaisergelb" gestrichen.

Kurz hinter dem Wirtshaus biegt eine Seitenstraße nach rechts ab, führt rechts herum im Bogen über den Brauereigraben und mündet wieder in die Allee ein, auf der wir in das Dorf hereingekommen sind. Im südlichen Abschnitt dieses Straßenrings hat Franz Xaver Bartl, der Vater meines Stiefvaters, ein Wohnhaus mit angeschlossener Landwirtschaft gebaut. Dafür musste der gebürtige Langenisarhofener bei der Nachbargemeinde Moos eine „Einbürgerung" beantragen.

Der Bartlhof

Vom oberen Stock des Bartlhauses hatte man Sicht auf die sich in der Ferne abzeichnenden Hänge des Bayerischen Waldes. Wenn sie scharf abgegrenzt zu erkennen waren, wusste man, dass das Wetter schlecht wird.

Der Bartl-Hof war ein „Sachl", ein kleiner Bauernhof, der im Nebenerwerb betrieben wurde. Das alleinstehende Gebäude beherbergte Wohnung und Landwirtschaft in einem. Es gab eine vordere Haustür und eine hintere, die in den Garten führte, wo Obstbäume standen und Gemüse wuchs. Rechts von der Haustür war der Eingang in den Kuhstall. Von dem Geld, das meine Mutter als Mitgift in die Ehe brachte, wurde bald nach ihrer Ankunft an der Westseite des Hauses ein Stall angebaut.

An der Rückseite des Hauses schloss sich ein niedriger Anbau an den Kuhstall an, der mit seinen dicken verputzten Mauern von außen wie ein Bunker aussah. Darin standen eine Weinkelter, Behältnisse und allerlei Gerätschaften, mit deren Hilfe der Stiefvater die Trauben, die auf drei Seiten des Hauses an Spalieren wuchsen, zu Wein, oder was er dafür hielt, verarbeitete. Ich habe seine Erzeugnisse nie probiert, aber ich glaube nicht, dass sie geschmeckt haben, obwohl die kleinen Trauben köstlich süß waren. Ich habe sie lieber so gegessen.

Der Bartlhof

Zur Haustür hinein links, dem Stall gegenüber, befanden sich Stube und Kuchl. Im ersten Stock gab es vier Zimmer: Vorne links auf die Straße hinaus lag das Schlafzimmer, das meine Mutter mit meinem Stiefvater teilte. Vorne rechts war das „Paradezimmer". Obwohl es als Schlafzimmer eingerichtet war, wurde es „die obere Stube" genannt, weil es über der „unteren Stube" lag und weil es der Brauch war, eine „obere Stube" zu unterhalten.

Das massive Mobiliar, bestehend aus einem dreitürigen Kleiderschrank, einem Doppelbett, zwei Nachtkästen und einer Kleidertruhe mit einem aufgesetzten, dreiflügeligen Spiegel hatte ein strukturiertes schwarzbraunes Furnier und war damals eine hochmoderne Angelegenheit. Es war über den geschäftstüchtigen Nachbarn bezogen worden, der neben einem Kramladen und einer Sarg- und Möbelschreinerei eine florierende Vermittlung von Einrichtungsgegenständen betrieb. Als er hörte, dass sich der Bartl Gust mit einer Eder-Tochter aus Oberbuch verheiraten würde, ist er mit seinem Motorrad zum Müllerbauernhof gefahren und blieb so lange in der Stube sitzen, bis ihm die entnervte Familie, die irgendwann zum Füttern in den Stall musste, schließlich den Zuschlag gab. Die Großmutter hat furchtbar geschimpft über dieses Gebaren, weil sie das Geschäft eigentlich schon anderweitig zugesagt hatte. Aber geholfen hat es ihr nichts. Auch Bezugsquellen für Bettwäsche und sonst allerhand Notwendiges wusste der Nachbar und so hat meine Mutter mit einer gediegenen Aussteuer auf den Bartl-Hof geheiratet. Für eine Brautkuh wäre der Weg zu weit gewesen. Stattdessen hat Maria Geld mitgebracht, das in den Bau des neuen Kuhstalls investiert wurde.

Das Zimmer, das wegen seiner dunklen Möbel auch das „schwarze Schlafzimmer" genannt wurde, war wirklich sehr schön. An den Fenstern hingen weiße Vorhänge und Scheibengardinen und an der Wand ein „Regulator": eine kastenförmige Pendeluhr, die das Brautpaar von den Brauburschen, den Kollegen des Bräutigams, zur Hochzeit geschenkt bekommen hatte. Es war eine teure Uhr, die der Stiefvater später nach Buch mitgenommen hat. In der oberen Stube roch es gut, weil in Holzkisten auf dem Schrank und an den Wänden entlang die Apfelernte lagerte. Vor allem die „Zwiebeläpfel", eine alte, spätreifende Sorte, die den ganzen Winter über hielt, so dass bis Ostern frisches Obst da war. Das Zimmer war ordentlich aufgeräumt und – außer, wenn selten einmal Besuch hier übernachtete – unbewohnt.

Zwischen dem Schlafzimmer und der oberen Stube führte eine Stiege auf den Dachboden hinauf. Dort oben, abgemauert und an den Kamin angeschlossen, der von der Küche nach hier oben führte, war die „Selche", wo im Winter der Schinken zum Räuchern aufgehängt war.

Über die beiden rückwärtigen Zimmer im ersten Stock verfügte die Stiefgroßmutter. Die hatte sie sich ausbedungen, nachdem 1933 ihr Mann gestorben war und mein Stiefvater, den Hof übernahm. In dem kleineren wohnte noch eine Weile ihre jüngste, unverheiratete Tochter

Katl. Als diese bald darauf eine Anstellung als Zimmermädchen in einem Hotel im Oberbayerischen fand, blieb das Zimmer genauso unbenutzt wie die obere Stube. 1945 wurde es vom Wohnungsamt beschlagnahmt und einer Flüchtlingsfrau zugewiesen.

In dem größeren Zimmer gegenüber schlief die Stiefgroßmutter. Für mich war kein eigenes Zimmer vorgesehen. Ich musste bei der Alten schlafen, die ich sehr gehasst habe.

Für den Fall, dass sie stirbt, war geschrieben, dass die Katl das größere Zimmerer übernimmt und das kleinere an das Haus zurückfällt. Als es 1944 soweit war, hat das die Katl auch umgehend in die Tat umgesetzt. Sie hat das Zimmer frisch gestrichen und wirklich schön eingerichtet. Hübsche Gardinen hat sie aufgehängt und allerhand Schnickschnack hineingestellt. Dann ist sie fort und erst nach dem nächsten Winter wieder auf Urlaub gekommen.

In der Zwischenzeit ist dem Gust ein „Missgeschick" passiert. Weil er seine Schwester sowieso nicht leiden konnte und ihn die Zimmerregelung ärgerte, ließ er ganz „versehentlich" den Schuber im Kamin auf, mit dem von Katls Zimmer aus der Rauchzug in der Selchkammer reguliert wurde. Als sie nächstes Mal wiederkam, war das Zimmer total verrußt. Sie hat sich dann mit ihrem Stiefbruder furchtbar gestritten. Meiner Lebtag werde ich die Gaudi nicht vergessen. Nachher hat sie schimpfend das Zimmer sauber gemacht und zugesperrt. Gelegentlich hat sie auch noch darin übernachtet, aber oft war sie dann nicht mehr da.

Bei der Gemeinde war bekannt, dass auf dem Bartl-Hof ein Zimmer leer stand, und so wurde es zum Kriegsende requiriert und an Frau Kasupke, eine Flüchtlingsfrau aus Schlesien vergeben, die darin gewohnt hat, bis Lois und ich geheiratet haben. Als sie auszog, haben wir Wasseranschluss in das Zimmer gelegt und die Küche darin untergebracht. Katl wollte noch Miete haben dafür. Als ich mich dagegen wehrte, hat sie einen Rechtsanwalt schreiben lassen und allerhand falsche Angaben gemacht. Ich habe ihm geantwortet, dass das alles nicht stimmt und er gut beraten sei, wenn er die Frau Bartl von seiner Mandantenliste streicht. Danach habe ich nichts mehr von ihm gehört.

Auf der gegenüberliegenden Straßenseite stand ein kleines, schon recht baufälliges Holzhaus. Nach dem Vorbesitzer Florian Krallinger wurde es das „Flori-Häusl" genannt. Als einzigen Raum hatte das Haus im Erdgeschoss eine Stube, die gleichzeitig Küche war. Sie war so breit wie das Gebäude selbst und hatte zwei kleine Fenster. Das Bett der „Floris" stand im Hausflur und ragte unter die Treppe, die zum Dachboden hinaufführte. Ansonsten war hier im Flez gerade soviel Platz, dass man sich zwischen Haustür und Stubentür bewegen konnte. An der Außenwand war ringsherum das Feuerholz in Scheiten gestapelt, das hat nach innen warmgehalten. Unter dem Dach haben nacheinander fünf oder sechs Ziehkinder gewohnt, die die Familie aufgenommen hat, um sich ein Taschengeld damit zu verdienen. Das letzte der Pflegekinder, den Ewald, kannte ich noch. Ich bin ihm begegnet, als er die „Frau Flori" während des Krieges einmal besuchte.

Neben dem Häusl stand ein Schuppen, wo die Tochter der Floris ihren Schlafplatz hatte, bis sie heiratete und wegzog aus Moos. Auf dem Flecken Grund daneben unterhielt die Familie einen sehr gepflegten und ertragreichen Gemüsegarten. Was sich in der Sickergrube des Plumpsklos ansammelte, das hinter dem Schuppen stand, wurde sorgfältig in die Beete eingearbeitet und sorgte für Fruchtbarkeit. Als später nach und nach Wasserklosetts in die Häuser Einzug hielten, waren die Selbstversorgergärten der „Häusler" längst nicht mehr so üppig. 1953 haben wir das Grundstück gekauft und eine Werkstatt anstelle des zuletzt baufälligen Flori-Häusls gebaut. Später hat es ein Nachbar gekauft und als Garage genutzt. Ich glaube, es steht heute noch.

***

Einschließlich der gepachteten Felder war der Bartl-Hof etwa zwanzig Tagwerk groß, ein Sachl halt, nicht sehr ergiebig, aber arbeitsintensiv. Weil die unmittelbar an das Dorf angrenzenden Flächen zum gräflichen Gut gehörten, lagen die Felder der Bartls weit entfernt und in alle Richtungen verstreut. Noch am nächsten gelegen war ein Stück Land, das zum Pfarrhof in Kurzenisarhofen gehörte. Das Wohnhaus des Pfarrers neben der Kirche zwischen Langenisarhofen und Moos, war ursprünglich als Bauernhof angelegt. Weil aber der Herr Pfarrer mit seinem Dienst für den lieben Gott sein Auskommen hatte, war das dazugehörende Land verpachtet. Das Feld, das Bartls bewirtschafteten, lag an der Straße zwischen der Brauerei und der Kreuzung, über die es geradeaus nach Aholming geht. Während der Römerzeit hatte an der Stelle, die jetzt Diözesangrund war, ein Meierhof gestanden, und manchmal tauchten beim Pflügen noch antike Scherben auf.

In Richtung Isarmündung, auch wieder zwei oder drei Kilometer vom Dorf entfernt, lag eine Flur von mehreren Feldern, die sogenannte „Kuhweide", von denen eines zum Bartl-Hof gehörte. Ein weiteres zog sich ein Stück an der Straße nach Thundorf entlang. Und schließlich gab es eine Heuwiese am Russengraben bei Gilsenöd. Zusammengenommen waren das fünfzehn oder sechzehn Tagwerk Land, das zu bewirtschaften war. Um auf die Felder zu kommen, spannte man die zwei Kühe, die als einziges Zugvieh im Stall standen, vor einen Wagen. Die Kühe zogen auch den Pflug, mit dem der Acker umgegraben wurde. Später, als mein Stiefbruder mit der Landwirtschaftsschule fertig war, hat man ein Pferd gekauft, und beizeiten, Ende der 50er Jahre, bekam er dann auch schon einen Bulldog.

Aber erst war das noch alles sehr mühsam. Der Großvater hat meine Mutter nicht ohne Grund vor dem Einheiraten in den unergiebigen Kleinbauernhof gewarnt. Bevor sie auf den Hof gekommen war, hatte sich hauptsächlich die alte Bartlin um die Landwirtschaft gekümmert. Zu Erntezeiten halfen mein Stiefvater und ein Freund von ihm mit, der auf dem gräflichen Gut angestellt war. Zur Heuernte mähten die Männer von zwei Uhr früh an die Wiese von Hand mit der Sense, bevor sie um sieben ihren Dienst in der „Ökonomie" bzw. in der Brauerei antraten. Das Wenden und Hederln übernahmen dann am Vormittag meine Mutter und ihre Schwiegermutter.

Stiefvater Gust

Gustav Bartl, geboren am 9.9.1888, war Soldat im Ersten Weltkrieg gewesen und hatte etliche Jahre in französischer Kriegsgefangenschaft verbracht. Von dort brachte er eine Vorliebe für Knoblauch mit, der zu jener Zeit in Bayern nicht gebräuchlich war. Auf Anweisung vom Gust musste aber, wenn es Rindssuppe gab, unbedingt „Knofi" hinein. Wahrscheinlich hat ihn die Zeit in Frankreich auch für die Kunst des Weinkelterns eingenommen. Darüber hinaus hat sie ihn nicht nennenswert kultiviert. Wegen der Zeit beim Militär und in Gefangenschaft war er aber schon in fortgeschrittenem Alter, als er meine Mutter heiratete und das hat ihn wahrscheinlich darüber hinwegsehen lassen, dass sie mich mit in die Ehe brachte.

Von Berufswegen war mein Stiefvater, wie schon sein Vater vor ihm, Brauer. Er ging frühmorgens in die nahegelegene Brauerei und kam erst abends wieder, so dass ich ihn nicht viel zu sehen bekam. Wenn er da war, hat er sich nicht um mich bemüht, und ich ging ihm aus dem Weg. Niemals habe ich von mir aus das Wort an ihn gerichtet. Schon gar nicht wäre ich auf die Idee gekommen, „Vater" oder dergleichen zu ihm zu sagen. „Du könnst öfter in'd Kircha geh", meinte er einmal, mich ermahnen zu müssen. „Du gehst ja aah net!", gab ich zurück. Solcherart war die Konversation zwischen uns, soweit überhaupt welche stattfand. Immerhin hat er bei Meinungsverschiedenheiten mit der Alten und der übrigen Verwandtschaft immer zu meiner Mutter gehalten.

Gustav Bartl als "Schlangenbeschwörer"

Die Stiefgroßmutter

Seine Mutter war eine große Frau mit einem strengen Blick. Sie hat sechzehn Kinder geboren, von denen zehn im Säuglingsalter gestorben sind. Vielleicht ist die „Bartlin" deshalb eine so harte Frau geworden. Ein „Trumm vom Teufel", die nicht die geringste Ähnlichkeit mit meiner eigenen geliebten Großmutter hatte. Meine Mutter konnte ihr nichts recht machen. Auf dem Müllerbauernhof hatte sie sich um die Schweine gekümmert. Kühe anspannen und pflügen und vieles andere, was in Moos von ihr verlangt wurde, hatte sie nicht gelernt. So hatte die Alte hier gleich schon Oberwasser und meine Mutter musste sich demütig ihren Anweisungen fügen. Den ganzen Tag gab es böse Worte, die meine Mutter nicht erwiderte. Es war schwer für mich mitanzusehen, dass sie sich nicht wehren konnte, und je mehr sich mein Gerechtigkeitssinn entwickelte, desto mehr begann ich selbst, sie zu verteidigen. Heftige Auseinandersetzungen über Jahre hinweg machten mir meine Kindheit und Jugendjahre schwer. Oft habe ich mich mit der Alten gestritten, dass die Fetzen flogen.

Von links: Maria Bartl, Franziska mit Hofhund, Stiefgroßmutter

Zum 75. Geburtstag der Stiefgroßmutter im Februar 1939 wurde eine Feierlichkeit ausgerichtet. Alle sechs lebenden Kinder waren eingeladen. Die Zimmermädchen-Tante kam schon einen Tag vorher und schlief kurzerhand in meinem Bett neben ihrer Mutter, damit die beiden noch miteinander „ratschen" (plaudern) konnten. Mich haben sie auf ein altes Kanapee umquartiert, das auch im Zimmer stand.

Ich war vor den beiden Frauen ins Bett gegangen, aber ich konnte nicht einschlafen. Die Lagerstätte war ungewohnt und hart. Außerdem hatte ich Hunger. Es hatte wieder nichts gegeben, was ich hätte essen mögen. Also tat ich auf meiner unbequemen Liege nur so, als würde ich schlafen, als die Bartlin und die Katl ins Zimmer kamen. Sie legten sich nieder und fingen an, sich zu unterhalten. „Fannerl, schlafst du schon?", fragte die Katl einmal scheinheilig in die Dunkelheit hinein. Ich gab keine Antwort und damit waren sie zufrieden. Ungeniert zogen sie die halbe Nacht über meine Mutter her. Kein gutes Haar ließ die Alte an ihr. Dass sie nicht putzen könne und schlampig sei und lauter solche Lügen. „Ach" und „Ah geh" und „Is des wahr?", schob die Tochter hin und wieder dazwischen. Nichts davon hat gestimmt und vor Zorn konnte ich die ganze Nacht überhaupt nicht mehr schlafen.

Als ich früh um halb fünf hörte, dass meine Mutter zum Melken in den Stall ging, lief ich zu ihr und erzählte ihr alles. Der Stiefvater kam dazu und hörte mit. Als die Katl aufstand, hat er den beiden Frauen einen fürchterlichen Krach gemacht. Die Stimmung war auf dem Tiefpunkt, als gegen neun Uhr die auswärtigen Gäste aus München angereist kamen. Max, Xaver und Maria kamen zu Fuß vom Bahnhof in freudiger Erwartung des Geburtstagsfestes. Stattdessen war der Tag verdorben und schuld daran war ich. Harte Worte trafen mich den ganzen Tag. „Du Saudirndl, du dreckigs, hast a solche Gaudi angerichtet", herrschte mich die Katl an. Ich wusste gar nicht, wo ich hinsollte. Endlich verkroch ich mich wie eine ängstliche Katze in ein Versteck, bis alle Gäste wieder fort waren. Für den Rest meiner Kindheit hatte ich bei der Verwandtschaft den Ruf des bösen Kindes. Nach diesem Vorfall habe ich mich geweigert, weiter bei der Stiefgroßmutter zu schlafen und richtete mir eine Ecke auf dem Dachboden ein. Als ich dort gar nicht mehr herunterkommen wollte, hat schließlich meine Mutter erlaubt, dass ich in der „oberen Stube" übernachten durfte, wo ich es dann sehr schön hatte.

Die Atmosphäre im Haus war also alles andere als herzlich. Spaß kannte man nicht. Es wurde nicht gelacht und nicht gesungen und man hatte keine freundlichen Worte für einander. Meine Mutter war unglücklich, die Stiefgroßmutter ein böses Weib und der Stiefvater gleichgültig. Niemand hat mich gefragt, wie mein Schultag gewesen ist oder wie ich meine freie Zeit verbrachte. Bei einer Freundin, mit der ich manchmal nach der Schule nach Hause ging, habe ich mit dem größten Staunen erlebt, wie ihre Mutter ihr am Nachmittag einen Apfel geschält und aufgeschnitten hat. Auf so eine Idee wäre auf dem Bartl-Hof nun wirklich niemand gekommen!

* * *

Nicht alle Bartls waren so schrecklich. Mit der Irma habe ich mich gut verstanden. Sie war die Tochter vom Xaver, dem ältesten Bruder meines Stiefvaters und in München verheiratet. Als ihre Wohnung im Krieg ausgebombt wurde, wohnte sie eine Weile in Moos bei ihrem Onkel Franz, einem weiteren Bartl-Bruder. Irma hatte Bücher, die sie mir lieh, und sie konnte gut nähen. Wenn ich ein Stück Stoff hatte, hat sie mir immer etwas Schönes daraus geschneidert. Ihre Schwester Adele war in München mit einem Optiker verheiratet. Sie war eine rechte Schönheit.

Auch mit Gretl war ich gut befreundet. Sie war die Frau von Max, dem vierten Bruder meines Stiefvaters, und stammte aus der Oberpfalz. Unter dem Krieg kam sie nach Moos, um zu hamstern. Sie war resolut und wusste sich zu helfen; eine „Gewaschene". Trambahnschaffnerin war sie gewesen und Bedienung und im Schwarzhandel kannte sie sich aus. Stoffe für ein Jackenkleid und einen Mantel hat sie mir gebracht und noch manches andere. Dafür hat sie dann Eier und Schmalz bekommen. Oft und oft war sie da, während der Max im Krieg irgendwo auf dem Balkan war. Nach Kriegsende ist er von dort zu Fuß nach Hause gegangen. Wenigstens vier Wochen war er danach auf dem Bartl-Hof. Zu der Zeit hatte ich längst die Herrschaft über Küche und Vorräte und auch weil ich mit der Gretl speziell war, habe ich den völlig ausgehungerten Mann mit Pfannkuchen und Geräuchertem aufgepäppelt.

Der Lätschnbene

Über's Jahr bekam meine Mutter einen Sohn und damit ich einen Stiefbruder. „Liab is er, der kleine Maxl, gell?" – meinte jemand zu mir. „Ah, der Lätschnbene!" (Lätschnbene: Mensch, hier Bub, der eine „Lätschn" zieht, also missmutig oder dumm dreinschaut; Plärrkind). Ich verhehlte nicht, dass sich meine Geschwisterliebe in Grenzen hielt. Alle anderen waren stocknarrisch mit dem Stammhalter, um den sich jetzt alles drehte. Der Vater war 48 Jahre alt und überglücklich. Das Getue und Bemuttern nahmen kein Ende. Die Geburt war im November und die ganzen Wintermonate hatte man Zeit für das kleine Kind. Ab dem Frühjahr bekam mehr und mehr ich die Aufsicht für diesen Bruder, den ich nicht mochte.

Gott sei Dank gab es zu Ostern und Pfingsten, im Sommer und über Weihnachten Schulferien, an denen ich vom ersten bis zum letzten Ferientag in meine alte Heimat flüchten konnte. Dort berichtete ich meine Erlebnisse. Am Abend, wenn alle beisammensaßen, erzählte ich ausführlich, wie es zuging in Moos. Was meine Mutter von ihrer Schwiegermutter alles genannt wurde. Viele dieser Schimpfwärter hatte man in Buch noch nie gehört. Was mochte eine „Kanaille" sein? Für mich war dieses Erzählen ein Ventil, das ich brauchte, um meine unguten Erlebnisse loszuwerden und zu verarbeiten. Die Leute am Tisch haben interessiert angehört, wie es der Tochter und Schwester erging. Mitfühlend nahm man zur Kenntnis, dass sie es nicht schön hatte und dass die Schwiegermutter ein Mistviech war. Aber geredet wurde nicht viel darüber. Die stille Meinung war, die Maria hat es sich selbst ausgesucht, allen Warnungen zum Trotz.

***

Mit meiner Übersiedlung nach Moos war meine Kindheit zu Ende gegangen. Ich begann ein eigenständiges Leben, in das ich mir nicht hineinreden ließ. Es hat auch niemand versucht. Meine Mutter nicht, weil sie von ihrem neuen Leben ohnehin überfordert war, und die Stieffamilie nicht, weil ich ihr im besten Fall egal war. Ich übernahm Aufgaben, für die ich eigentlich zu jung war, nicht weil ich musste, sondern weil ich es nicht haben konnte, dass es dreckig war; weil ich meine Mutter entlasten wollte; weil das Essen, das die Stiefgroßmutter kochte, scheußlich war, oder weil es irgendwie sonst in meinen Augen das kleinere Übel war, tätig zu werden.

Die Volksschule, in die ich jetzt jeden Morgen lief, war Teil eines Klosters, das Christiane Maximiliane von und zu Arco-Zinneberg als wohltätige Frau und Schlossherrin zu Moos gestiftet hatte. Es war dem Orden der „Armen Schulschwestern unserer Lieben Frau" gewidmet. Neben dem schlichten viereckigen Kasten, in dem die Nonnen wohnten, ließ Christiane einen Kindergarten und eine Schule für Mädchen erbauen. Die Buben gingen in Kurzenisarhofen in die Schule neben dem Pfarrhof. Der Lehrer wohnte oben drüber.

Das Kloster lag am Kirchweg, einem Fußweg, der von der Allee abzweigend in Richtung Kurzenisarhofen zur Kirche führte. Es war ein schnörkelloses zweistöckiges Gebäude, in dem die Schlafkammern der Klosterschwestern untergebracht waren. Auch der Handarbeitsunterricht fand hier im Haupthaus statt. Auf seiner Rückseite schlossen sich das zweiflügelige niedrige Schulgebäude der „großen" und der „kleinen" Schule und, das Karree schließend, der Kindergarten an.

Mein Schulweg führte mich am Nachbarn Vogel vorbei über den dahinter gelegenen Nebelhof und dann über eine Wiese bis zur Allee. Von dort war es nur noch ein kurzes Stück. Die Strecke war in kaum fünf Minuten zu laufen, aber manchmal kam sie mir weiter vor, als der ganze lange Weg, den ich vom Müllerbauernhof nach Pleinting zurückzulegen hatte, und mein lederner Schulranzen erschien mir unerträglich schwer.

Im März war ich nach Moos gekommen und nach Ostern begann das neue Schuljahr, so dass ich ohne großen Verzug in der dritten Klasse einsteigen konnte. Meine Lehrerin war Schwester Stephana Biermeier, eine der „Armen Schulschwestern" aus dem Kloster. Ich bin gerne in die Schule gegangen und erinnere mich, viel Vernünftiges gelernt zu haben. Schwester Stephana mochte mich und ich hatte Freundinnen. Flausen im Kopf hatte ich auch. Einmal habe ich ausprobiert, was passiert, wenn ich die ganze Stunde mit verschränkten Armen auf dem Stuhl sitze und die Lehrerin unentwegt ansehe. Die arme Schulschwester war am Ende so irritiert, dass sie gar nicht mehr wusste, wo sie hinschauen sollte.

Einmal, da war ich schon in der „großen" Schule bei Schwester Hermengilda, hatte ich keine Lust, in die Schule zu gehen. Noch zuhause habe ich mich hinter dem Kelterbunker des Stiefvaters, wo mich keiner sehen konnte, auf einen Holzklotz gesetzt und die Zeit vergehen lassen. Wohl eine halbe Stunde hatte die Schule schon angefangen, als ich mich doch noch auf den Weg machte. Ich klopfte an die Klassentür und sagte, als Schwester Hermengilda erstaunt aufmachte: „Meine Mama lässt fragen, ob ich heute zum Waschen daheimbleiben darf. Sie hat so viel Arbeit!?" – „Na freilich; geh nur wieder heim und sei fleißig!" entließ sie mich ohne Argwohn. Ich ging den Weg, den ich gekommen war, wieder zurück und setzte mich so lange auf meinen Hauklotz, bis ich sehen konnte, dass jenseits der Allee meine Schulkolleginnen vom Schulhof strömten. Da habe ich meinen Ranzen genommen und bin auch „von der Schule nach Hause gekommen".

Normalerweise kam ich ja wirklich am frühen Nachmittag von der Schule heim. Die anderen hatten dann schon zu Mittag gegessen und die Frauen waren wieder auf dem Feld, der Gust in der nahen Brauerei. Das ausgedörrte Stück Fleisch, das im Ofenrohr auf mich wartete, ignorierte ich. Stattdessen holte ich mir einen Apfel aus der oberen Stube. Nach der Obstmahlzeit machte ich mich daran, das dreckige Geschirr, das vom Mittagessen da noch stand, abzuwaschen.

Nach und nach übernahm ich weitere Aufgaben im Haushalt. Einmal die Woche kam die Bartl Irene, eine Nichte meines Stiefvaters, um bei der Wäsche zu helfen. Sie hatte vier Geschwister, und bei ihr zuhause war man froh, wenn wenigstens eines der Kinder gelegentlich aus den Füßen war. Ich mochte sie nicht. Sie war mir zuwider, und ich lag meiner Mutter in den Ohren, sie nicht mehr kommen zu lassen. „Ich brauch' sie aber.", war die Antwort. „Dann mach ich das halt, was sie tut!". Damit war meine Mutter einverstanden und ich hatte die Arbeit, aber wenigstens meine Ruhe vor Irene.

Ich war zwölf und kümmerte mich also von jetzt an darum, dass der Stiefvater, mit dem ich kein Wort sprach, jede Woche einen gewaschenen Arbeitsanzug hatte. Es war Ehrensache in der Brauerei, am Montag in einem sauberen „Blaumann" und gewaschener Joppe anzutreten. Und weil jeder Brauer nur zwei Garnituren hatte, musste man sich dranhalten, dass immer eine parat lag. Ein Waschhaus wie in Buch gab es nicht. Das schwere Baumwollzeug habe ich auf dem Küchenherd ausgekocht und danach in der heißen Zinkwanne durch den hinteren Hauseingang in den Garten gewuchtet. Dort stand neben dem Schwengelbrunnen eine hölzerne Waschbank, auf die ich die nasse Wäsche zerrte. Mit einer Mischung aus Sand und ätzender Potasche und vielleicht ein paar Seifenflocken, wenn es welche gab, schrubbte ich Dreck und Schmiere aus dem Stoff. Wurzelbürsten gab es nicht mehr zu kaufen, stattdessen wurde ein „Fiesl" verwendet: die haarige Quaste von einem abgeschnittenen Kuhschweif, die gewaschen und mit Sandseife gefilzt wurde. Große Waschkraft hatte das alles nicht, aber etwas Anderes gab es nicht. Wenn der gröbste Dreck ausgeschrubbt war, habe ich die Sachen unter dem Brunnenausguss ausgespült, bis das herauslaufende Wasser einigermaßen klar war. Ausgewrungen habe ich die schweren, unhandlichen Teile, so gut ich konnte. Trotzdem brauchten sie auf der Wäscheleine im Garten oft ein paar Tage, bis sie trocken waren und gebügelt werden konnten. Zum Glätten gab es ein schweres eisernes Bügeleisen mit einem Schuber, in den Glutbrocken aus dem Ofen gefüllt wurden. Die ganze Prozedur des Waschens und Bügelns war langwierig und mühevoll und das Ergebnis nicht gerade befriedigend. Aber dem Bartl war es anscheinend gut genug. Beschwert hat er sich nicht.

Als ich nach dem Krieg im Tauschhandel mein erstes elektrisches Bügeleisen gebraucht erstanden habe, war das ein technischer Meilenstein! Es hat nicht lange gehalten, aber dann dauerte es auch nicht mehr langen, bis die Zeit des Wiederaufbaus begann und man solche modernen Sachen überall kaufen konnte.

Weil ich das Gezänke zwischen der Stiefgroßmutter und meiner Mutter um Haushaltszuständigkeiten leid war und es mich gestört hat, wenn es dreckig war, habe ich es stillschweigend übernommen, die Böden zu wischen. Auch dafür musste ich das heiße Wasser in der Küche holen. Der im Holzofen eingelassene Behälter, der sogenannte „Grantl", fasste sieben oder acht Liter Wasser. Daraus hat man mit dem Kesselhaferl, einem ovalen Henkelbehälter aus Zinkblech, das heiße Wasser in den hölzernen Putzeimer geschöpft. Wenn das Wasser im Grantl nicht ausreichte, musste ich noch einen Kessel voll aufsetzen. Der war so schwer, dass ich ihn nur halb gefüllt auf den Ofen setzte und dann schöpfend bis oben gefüllt habe. Um das Wasser schneller zum Kochen zu bringen, konnte man Ofenringe herausnehmen und so die Temperatur erhöhen. Zum Herauswischen wurde dann eine alte Männerunterhose in das heiße Wasser getaucht und um den Schrubber gewickelt. Männerunterhosen eigneten sich besonders gut, weil sie aus dünnem Baumwollstoff waren, der gut trocknete.

Fürs Kochen war immer schon die alte Bartlin zuständig. Das Meiste von dem, was sie auf den Tisch brachte, fand ich ungenießbar. Die lieblose Kost war so anders, als ich es von der großzügigen, wohlschmeckenden Küche meiner Großmutter kannte, dass sich alles in mir sträubte, zu essen. Oft gab es Hasenfleisch, weil der alte Bartl einen Haufen Stallhasen hatte. Davon habe ich nie auch nur einen einzigen Bissen gegessen. In der Familie war bekannt, dass ich kein Hasenfleisch und auch vieles andere nicht mochte, und es hat niemanden gekümmert, wenn ich mich gar nicht erst an den Tisch setzte. Gemeinsame Mahlzeiten waren ohnehin selten. Verhungert bin ich nur deswegen nicht, weil es reichlich Obst gab, an dem ich mich schadlos hielt. Die Birnen aus dem Garten haben nach dem Pflücken nur bis zum späten Herbst gehalten, aber Äpfel waren vom Sommer bis ins nächste Frühjahr hinein da. Ab dem Frühsommer gab es Kirschen und später wurden nacheinander die blauen, roten und weißen Weintrauben reif, die sich an ihren Spalieren hochwanden. Während ich damit zufrieden war, mich notfalls von Obst allein zu ernähren, litt meine Mutter zunehmend unter der Küchenvorherrschaft ihrer Schwiegermutter. Nicht nur, dass das Essen nicht schmeckte. Der alten Bartlin wuchs mit der Zeit ein Geschwür auf dem Nasenrücken, eine „Rufern" (Schorf), an der sie unablässig zupfte. Das Geschwür wurde später als „Gesichtskrebs" diagnostiziert, an dem sie 1944 starb. Meine Mutter hat es vor dem unappetitlichen Anblick des kranken Zinkens in der Küche so sehr gegraust, dass sie eines Tages in ungewohnter Entschlossenheit die Zuständigkeiten änderte. „Ab jetzt kochst du!", sagte sie zu mir und damit war das entschieden. Der Alten hat es gestunken, weil sie als Köchin Herrin über Eier und Schmalz gewesen war, von denen sie großzügig ihrer Tochter Katl abgab, wenn die zu Besuch kam. Damit war es dann vorbei. Ich habe die Küche übernommen und die Vorräte eingesperrt.

Inzwischen war ich ungefähr fünfzehn und hatte meine siebenjährige Volksschulzeit abgeschlossen. Eigentlich wäre noch ein Jahr „Haushaltungsschule" vorgesehen gewesen, in dem die Mädchen in ein paar Stunden verpflichtenden Unterrichts in der Woche lernen sollten, dass man Bettüberzüge vor dem Waschen auf Links wendet und andere praktische Dinge mehr. Weil aber der Krieg begonnen hatte, fand diese Vorbereitung auf das Hausfrauendasein nicht mehr statt. Ich hätte vermutlich auch nicht viel Neues gelernt. In der Bartl-Küche zeigte mir niemand, was ich tun sollte. Aber ich hatte ja meiner Großmutter Katharina oft genug über die Schulter geschaut und wusste also, worauf es ankam. Von dem Schwarzgeräucherten aus dem Speicher habe ich oft Gebratenes gemacht und auch sonst gekocht, was ich auf dem Müllerbauernhof gelernt hatte. Als Voressen gab es Kartoffel- oder Kohlrabisuppe oder süßes Kraut, zum Fleisch Semmelknödl oder Kartoffelsalat. Wenn gekochte Kartoffeln übrig waren, machte ich Fingernudeln daraus, die gezuckert und mit Kompott oder ungezuckert als Beilage zu Herzhaftem gegessen wurden. In der Zwetschgenzeit machte ich „Reimfleck", wie die gefüllten Strudel in Moos genannt wurden. Anstatt sie, wie hier üblich, trocken in der Form zu backen, habe ich sie nach dem Maultaschenrezept meiner Großmutter mit Milch angegossen, so dass sie saftig und seidig zart wurden. Wenn geschlachtet worden war, ließ ich Speck aus und machte Kremlknödl mit den knusprigen Grieben, die dabei entstanden. Im Winter gab es Rannersalat, für den gekochte Rote Beete mit Essig und Öl angemacht wurden. Dass es allen geschmeckt hat, musste mir als

Lob reichen. Lediglich um's Frühstück habe ich mich nie gekümmert und auch selbst nie eines gegessen. Die Erwachsenen tranken Kaffee in der Früh, und der Gust ein Bier, von dem immer reichlich im Haus war, weil ein monatliches Kontingent Teil seiner Vergütung als Brauer war.

Lesen hilft immer

Auf diese Weise verbrachte ich zehn Jahre in Moos. Langweilig war es mir nicht, dafür gab es auf dem Hof zu viel zu tun. Freizeit, wie man sie heute kennt, gab es auch nicht. Erst war Vorkriegszeit und dann Krieg, und die Möglichkeiten, sich als junger Mensch zu amüsieren, waren überschaubar.

Ich weiß nicht, wie ich diese Zeit ausgehalten hätte, wenn ich nicht eine neue Welt entdeckt hätte, in die ich eintauchen konnte, um der ungeliebten Wirklichkeit zu entfliehen: Bücher. Wenn ich mit Hausarbeit und Schulaufgaben fertig war, habe ich mich in eine Ecke verzogen, wo ich meine Ruhe hatte, und habe gelesen. An Lesestoff nahm ich, was ich bekommen konnte. Erst frequentierte ich die kleine Schulbücherei, in der es eine Ecke mit Kinderbüchern gab. Mein erstes Buch war „Frau Knorunkel". Später habe ich mit Freundinnen, vor allem dem Weiß Fannerl und der Bartl Irma Bücher ausgetauscht. Außerdem gab es eine Pfarrbücherei. Als mich die Pfarrköchin, die dort als Bibliothekarin fungierte, einmal fragte, was ich lesen möchte, habe ich gesagt „Etwas Historisches." Da gab sie mir „Gräfin Königsmarck", eine Biografie der Mätresse August des Starken. Warum sie glaubte, dass genau die mich interessieren könnte, habe ich nicht verstanden, aber ich habe das Buch gelesen und viele Biografien und „historische" Bücher nach ihm. So habe ich mich systematisch durch die Regale gearbeitet und Titel mitgenommen wie „Und ewig singen die Wälder" und „Der Klöckner von Notre-Dame". Ich bin überzeugt davon, dass mich das Lesen davor bewahrt hat, verrückt zu werden oder verbittert oder einfach unglücklich.

Die schlechte Zeit

Sobald die Schulferien begannen, setzte ich mich in den Zug und fuhr nach Buch. Frei von Pflichten konnte ich hier bei den Menschen, die ich mochte und die mich mochten, tun und lassen, wozu ich Lust hatte. Ich genoss diese Ferienzeiten, und daran änderte auch nichts, dass das Leben von der Not zwischen den zwei Weltkriegen geprägt war.

Man muss sich vor Augen führen, dass die harten Zeiten schon seit zwei Jahrzehnten andauerten. Achtzehn Jahre zuvor hatte Deutschland den Ersten Weltkrieg verloren. Die Siegerparteien hatten in Versailles einen Vertrag ausgearbeitet, mit dem sie Deutschland zu Reparationszahlungen in unvorstellbarer Höhe verpflichteten. Um den riesigen Schuldenberg zu begleichen, druckte die neue Regierung zwischen 1914 und 1923 immer mehr Geld, das immer mehr an Wert verlor. Die Inflation „galoppierte". Im Mai 1923 kostete ein Kilo Brot 474 Mark. Zwei Monate später stieg der Preis auf 2200 Mark, Anfang Oktober waren es 14 Millionen. Noch einmal vier Wochen später kostete der Brotlaib 5,6 Milliarden Mark. Im November 1923 zahlte man 4 Milliarden Mark für einen einzigen US-Dollar. Die Wirtschaft war in einer schweren Krise, für Geld konnte man praktisch nichts mehr kaufen, die Arbeitslosigkeit war allgegenwärtig, die Gesellschaft gespalten und die Politik nicht in der Lage, das alles wieder in Ordnung zu bringen. Der Kaiser hatte abgedankt, die neuen Parteien waren sich uneins, das Parlament mit der ungeheuren Aufgabe, das Land zu stabilisieren, überfordert. Millionen hungernder Arbeiter schlugen sich über die Frage, ob das Heil im Sozialismus oder im Kommunismus liege, die Köpfe ein. Das Ergebnis waren Hunger, Arbeitslosigkeit und Bürgerkrieg.

Mitten in der Not und dem Chaos, die schon seit Beginn des Ersten Weltkrieges 1914 andauerten, kam 1933 mit Adolf Hitler ein Mann an die Macht, der sich vorgenommen hatte, das Volk von der Last der Verlierernation zu befreien. Er scherte sich nichts um den Versailler Vertrag, stellte die Reparationszahlungen ein, schuf Arbeitsplätze, baute Autobahnen und den Westwall. Dadurch standen plötzlich viele Menschen wieder in Lohn und Brot. Industrielle unterstützten ihn. Er führte den Urlaub ein und erfand den Slogan "Kraft durch Freude". Riesige Ferienanlagen wurden extra zu diesem Zweck gebaut. Die Bevölkerung hatte als nicht nur wieder Arbeit, sondern zum allerersten Mal auch die Möglichkeit, sich von ihr zu erholen.

Junge Ehepaare bekamen Ehestandsdarlehen zu günstigen Konditionen, und viele haben sich davon ein Häusl gebaut. In Moos in der Gundelindenstraße standen drei solche Häuser: einfach und ohne Komfort, aber für 5000 Mark hatten die Leute ihr eigenes Dach über dem Kopf. Das Darlehen konnte man zu günstigen Zinssätzen nach und nach zurückzahlen. Sowas hatte es noch nie gegeben. Als Gegenleistung wurde erwartet, dass man in die Partei eintrat. Lehrer mussten sowieso eintreten und alle, die etwas zu sagen hatten auch. So ist es Hitler gelungen, wieder für Ruhe und Ordnung zu sorgen, die Bevölkerung für sich einzunehmen und unter seine Kontrolle zu bringen.

Zur Hochzeit bekam jedes Brautpaar vom Standesbeamten ein Exemplar von „Mein Kampf" überreicht. Aber wer hatte schon Zeit, die dicke Schwarte mit der kleinen Schrift zu lesen, in der Hitler während mehrjähriger Festungshaft seine Visionen ausgebreitet hatte? Jedenfalls nicht die vielen jungen Mütter, die dem „Führer" ein Kind nach dem anderen schenkten, weil ab dem dritten oder vierten jede Geburt mit dem „Mutterkreuz" belohnt wurde. Auch diese Auszeichnung war neben der „Ehre" mit ein wenig Geld verbunden. Für Bedürftige wurde im Rahmen der „Winterhilfe" gesammelt. Für ein Familienfoto, das vor 1930 aufgenommen wurde – meine Schwester Mathilde lebte noch – wurde als Hintergrund ein großes Tuch aus feinem Wollstoff aufgehängt. Auf schwarzem Grund war in dunklem Türkis ein weitgeschwungenes Paisleymuster eingewebt. Der „türkische Schal", wie er in der Familie genannt wurde, stammte aus der Aussteuer der Großmutter. Er war wunderschön. Als auch in Buch zur „Winterhilfsaktion gegen Hunger und Kälte" aufgerufen wurde, hat die Großmutter den „türkischen Schal" gespendet. Ich musste ihn selbst nach Alkofen tragen und in der Gemeindekanzlei abgeben. Das war schon unter dem Krieg; ich war fünfzehn oder sechzehn, gab den Schal nur ungern her und bin heute noch überzeugt davon, dass sich einer der „Volksgenossen" das schöne Stück gleich unter den Nagel gerissen hat. Eine Quittung oder dergleichen gab es nicht.

Das Weltbild meiner Kindheit und frühen Jugend war geprägt von diesem Mangel und dem Zwang zur Sparsamkeit. Es war das Normalste von der Welt, sich beim Abwaschen mit einem Kuhschweif zu behelfen; alte Kleidung immer weiter zu flicken, ändern und umzunähen, weil es Neues nicht zu kaufen gab. Was nicht mehr zu retten war, diente wenigstens noch als Putzlumpen. Weggeworfen wurde nichts. Essensreste bekamen das Schwein und der Hofhund. Kaputte Dinge wurden repariert, und was nicht mehr zu reparieren war, war trotzdem noch für irgendetwas zu gebrauchen. Dann spürte man plötzlich, das Leben langsam wieder leichter wurde. Hitlers Reformen zeigten Wirkung.

Meine eigene Wahrnehmung wurde von dem ergänzt, was beim Müllerbauern in der der Stube geredet wurde. Die Briefe von Peter und Hanni aus Amerika haben genauso zu meiner Vorstellung beigetragen, wie es außerhalb von Dorf und Hof zugeht, wie die Neuigkeiten, die Hans und Muckl aus dem Wirtshaus mit nach Hause brachten.

Einer der Sachlbauern aus der Nachbarschaft, die regelmäßig bei der Ernte halfen, war vor dem Krieg beim Aufbau des Westwalls eingeteilt. Morgens bei der Suppe hat er oft vom Bau der Festungskette erzählt, mit denen Hitler die Grenze nach Frankreich abschotten ließ. Diese Geschichten fand ich sehr verwunderlich. Wozu sollte so etwas gut sein? Ob die Großen anders dachten, weiß ich nicht.

Der Großvater hat am Sonntag nach dem Kirchgang über Dinge gesprochen, die ihn bewegten. Kleine Beobachtungen dienten ihm als Aufhänger. „Der So-und-so hat wieder einen Hosenknopf in den Klingerbeutel geworfen." Die Predigten regten ihn zum Philosophieren über Glaubensdinge an. „Lachen tät ich ja, wenn wir den richtigen Glauben net hätt'n!", lautete sein Fazit, das in dieser bäuerlichen Gesellschaft, gelinde gesagt, ungewöhnlich war. Oft erzählte er auch von den Fahrten, die er mit dem Fahrrad in die Umgebung machte. Wenn er dabei in einen hübschen Ort kam oder auf eine Sehenswürdigkeit stieß, empfahl er den Daheimgebliebenen, das sie sich das unbedingt auch anschauen sollten.

Mit politischen Themen hat mein Onkel Muckl sich beschäftigt. Über den Hergang der Wahlen hat er sich ausgelassen, die Hitler Stufe um Stufe nach oben beförderten, bis er mit der Reichstagswahl 1933 Kanzler wurde. In ihrer gutmütigen Art amüsierten sich Muckl und sein Bruder Hans darüber, wie ihnen ein SA-Mann über die Schulter zuschaute, wo sie ihr Kreuz machten. Wer „richtig" gewählt hatte, bekam ein besonderes Abzeichen aus Weißblech mit einem Sperl (Nadel) zum Anstecken daran. Muckl und Hans haben „richtig" gewählt und einer der Blechanstecker hat noch nach dem Krieg im Haus herumgelegen. Aber die beiden haben sich lange darüber lustig gemacht, was das für eine Wahl sein soll, bei der nachgeschaut wird, wer wie wählt!

Vom Chaos und Umbruch dieser Zeit waren die Leute auf dem Land, wo bis ganz zum Ende des Krieges alles ruhig war und jeder zu essen hatte, längst nicht so betroffen wie beispielsweise die Menschen in Berlin. In den Großstädten, wo Arbeits- und Perspektivlosigkeit herrschten, erreichte die sorgfältig ausgedachte Propaganda direkt die Massen, die schwere Not litten und daher leicht zu beeinflussen waren. Wenn Göppel, ein Genie in Sachen Propaganda, seine Reden mit den Worten beendete: „Wollt ihr den totalen Krieg?", dann hatte das auf die aufgepeitschte Menschenmenge in Berlin eine andere Wirkung als auf die Bauern in Buch, die am Sonntag während der langweiligen, unpolitischen Predigt des Pfarrers, oft ein wenig geschlafen haben, bevor sie nach der Kirche wieder in den Stall gingen. Man hatte an genug anderes zu denken. Hitlerverehrung gab es auf dem Land nicht. Jeder hatte seinen Hof, und damit seine eigene Welt, in der man den „Führer" nicht brauchte. Dass trotzdem auch ein großer Teil der Landbevölkerung für Hitler war und ihn wählte, lag daran, dass er den Menschen ein besseres Leben versprach und auch viel davon einlöste. Und wenn die Engländer in ihren Bombern, aus denen sie Flugblätter abwarfen, dachten, die Bevölkerung hätte bald genug vom Naziregime, dann unterschätzten sie die Macht der Propaganda, mit denen Hitler zumindest in den Städten das klare Gegenteil erreichte. Auf dem Land war die Wahrnehmung anders. Niemand in Buch hatte einen der neuen Volksempfänger, die einzig zu dem Zweck billig verkauft wurden, um auf einigen wenigen Kanälen die Reden der Nazigrößen zu verbreiten. In der Öffentlichkeit redete man auch nicht viel. Man kannte die Scharfmacher im Dorf: vormals perspektivlose Bauernknechte, arme Schlucker, die bisher nichts zu melden gehabt hatten, machten jetzt bei der SS oder SA mit und hatten plötzlich eine fesche Uniform an und etwas zu sagen, weil sie in der Partei waren. Dumm blieben sie trotzdem, aber sie genossen ihre neue Macht und denunzierten jeden, der sich kritisch über das Regime äußerte. Wer zu viel redete, musste damit rechnen, ins KZ zu kommen. Das wusste man im Dorf und hielt sich bedeckt. Es genügte, dass sich in den Wirtshäusern in Pleinting und Vilshofen die Kommunisten Saalkämpfe mit den Nazis lieferten.

Die Großmutter besaß ein richtiges Radio. Es war batteriebetrieben, weil es auf dem Hof noch keinen elektrischen Strom gab. Als Jugendliche bin ich selbst ein paarmal mit dem Rad nach Aidenbach gefahren, um Batterien zu kaufen. Im Gegensatz zu den Volksempfängern konnte man mit einem Radiogerät eine große Anzahl an Sendern empfangen. Wenn man wusste wie, konnte man damit auch ausländische „Feindsender" hören. Daran war die Großmutter nicht interessiert. Sie hörte jeden

Samstagnachmittag konzentriert der Stellungnahme des Landwirtschaftsministers zu. Zeit ihres Lebens war sie politisch interessiert, aber kommentiert hat sie diese Sendungen nie. Ich war auch die einzige, die sich diese Reden mit ihr zusammen anhörte, wenn ich in Buch war. Hitler selbst mochten wir schon deswegen nicht hören, weil er so unangenehm aus dem Radio herauskreischte.

Eine Freundin der Großmutter, die aus Buch oder Hochreut stammte, kam manchmal aus der Landeshauptstadt zu Besuch. In Buch war sie immer noch die Wolf Leni, auch wenn Sie inzwischen in München mit einem Herrn Miller verheiratet war. Wenn sie in der Stube saß, erzählte sie von den Ereignissen, die sich in München abspielten, den Novemberpogromen, von Volksaufläufen, Protestmärschen und Straßenschlachten, und davon, wie die SA gehaust hat. Von der Gewalt und der Aufregung in der Stadt. Wie man aufpassen musste, dass man beim Einkaufen nicht in eine Schlägerei geriet. Wie sich Arbeiter und vormals ganz normale Bürger gegenseitig auf der Straße umbrachten im Bruderkrieg der vielen Arbeitslosen. Auf der einen Seite waren die, die „Stempeln gingen" und gern glauben wollten, dass Hitler es richten würde, und auf der anderen Seite die Linken, die wiederum in Sozis und Kommunisten gespalten waren.

Im Verborgenen liefen schon ab etwa 1936 Vorbereitungen auf feindliche Fliegerangriffe. Luftschutzvorträge wurden gehalten. Auf Erlass der Regierung in München mussten die Speicher geräumt und Sand als Brandschutz eingelagert werden. Die Leni hat damals allerhand Sachen, für die sie ohne Dachboden in ihrer Münchener Mietswohnung keinen Platz hatte, nach Buch gebracht und verschenkt. Größere Möbelstücke hat sie mit der Bahn geschickt. Ein schönes Bett brachte sie, das die Katl brauchen konnte. Kästen und Truhen wurden in Gebrauch genommen oder untergestellt.

So wurden über die Jahre beim Müllerbauern in der Stube die Ereignisse, von denen man im Dorf hörte, wiedergegeben und kommentiert. Ich habe immer still dabeigesessen und zugehört. Die Erzählungen haben mich verwirrt und geängstigt. Viele Einzelheiten kann ich nicht mehr wiedergeben und das meiste habe ich gar nicht verstanden, aber von dem, was da geredet wurde, sind Bilder in meinem Kopf entstanden und geblieben. Wenn die Wolf Leni davon sprach, wie es in München brannte, dann verband ich das mit meinen frühkindlichen Erinnerungen daran, wie der Kodekhof lichterloh in Flammen stand. Feuer hatte ich selbst erlebt und konnte mir deshalb etwas darunter vorstellen. Und das war jetzt in der Hauptstadt an der Tagesordnung?

An Krieg dachte lange Zeit kein Mensch. Aber noch bevor ich nach Moos ziehen musste, begannen sich die Anzeichen für das Unheil, auf das Deutschland zusteuerte, zu verdichten. Die Vorbereitungen liefen früh und schleichend an.

Nazipropaganda für Grundschüler

Als ich im Frühjahr 1935 nach Moos kam und in die dritte Klasse eingeschult wurde, war Hitler seit zwei Jahren deutscher Reichskanzler. Neben Lesen, Schreiben und Rechnen wurden schon die unteren Klassen so oft und ausdauernd über seine „Wohltaten" informiert, dass sie mir als Unterrichtsstoff auch nach achtzig Jahren noch gut in Erinnerung sind. In den Schulen wurde das „Jungvolk" herangezüchtet. Um die Kinder und Jugendlichen hatte sich seit Jahrzehnten keiner gekümmert. Nun wurden mindestens einmal in der Woche mit dem „Appell" die Mädchen zum „Bund deutscher Mädels" und die Buben zur „Hitlerjugend" gerufen.

Die Gestaltung der Aktivitäten war Sache der Lehrer. Je nachdem, wie engagiert einer war, ging es mehr oder weniger zackig zu. Bei den Buben war meistens mehr los. Unsere BDM-Führerin, Fräulein Veitl, war eine kleine, ein wenig struppige Frau, bei der es eher gemütlich zuging. Wir trafen uns an der Schule, gingen in den Wald, sangen ein wenig, spielten Fangen und spazierten wieder heim. Wer eine hatte, trug die BDM-Uniform: einen dunkelblauen Rock mit blauem Gürtel, weiße Bluse und ein schwarzes Halstuch mit braunem Lederknoten. Für den Winter gab es eine „Kletterjacke". Bei Fräulein Veitl war das nicht so wichtig. Ich hatte immerhin das Halstuch mit dem Lederknoten.

Die sportliche Ertüchtigung im Sinne der nationalsozialistischen Indoktrination, die das Ziel dieser Veranstaltung sein sollte, war bei unserer etwas kurz geratenen und freundlichen aber phlegmatischen Lehrerin nicht der Rede wert. Aber die Nachmittage haben Spaß gemacht, weil man etwas zusammen unternommen hat. Für mich waren sie willkommene Abwechslung zu meinen Haushaltspflichten auf dem Bartl-Hof.

Innerhalb der Lehrerschaft bestand nicht durchgehend Einigkeit über die Priorität der Aktivitäten. „Wenn ihr Dienst habt, braucht ihr keine Hausaufgaben machen," – hat Fräu'n Veitl einmal zu uns gesagt, als ich zusammen mit der Geiger Liesl beim Appell war. Da hatte ich aber meine Aufgaben schon fertig gehabt. Als am nächsten Tag Schwester Hermengilda damit anfing, die Schiefertafeln zu kontrollieren, hat mich die Liesl böse angefaucht: „Du falsches Luder, du hast jetzt Aufgaben, und ich hab' keine!" – Ich wollte nicht so sein. „Dann lösch' ich meine halt wieder …", und habe meine Schiefertafel solidarisch wieder leer gewischt. Hermengilda, die die Privilegien des „Jugenddienstes" offenbar nicht kannte oder nicht zu schätzen wusste, hat uns dann beide furchtbar geschimpft.

Das Dorfgeschehen war währenddessen geprägt von den Auseinandersetzungen der unerbittlichen politischen Gegner. Moos war Zentrale für Nazis und Kommunisten gleichermaßen. Im Wirtshaus Salzberger mit der angeschlossenen Bäckerei versammelte der Pächter als eingefleischter Nazi-Bürgermeister und schneidiger SA-Mann die Parteimitglieder um sich. In unmittelbarer Nachbarschaft dazu, auf dem Scherl-Anwesen gleich um die Kurve, hatten die Kommunisten ihre Treffen. Man wusste, wer zu wem gehörte und auf beiden Seiten waren die Anhänger glühend aber nicht zahlreich. Auch mein Stiefvater machte bei den Kommunisten mit. Es gab immer wieder Anzeigen gegen sie, die aber zu nichts führten. Anlässlich irgendeines kommunistischen Jubiläums kletterte auf dem Brauereigelände nachts jemand auf den Turm der Brennerei und befestigte dort oben eine Kommunistenfahne, die anderntags auf das Dorf herunterwehte. Davon wurde lange geredet, aber nachzuweisen war es am Ende niemandem.

Auf Nazi-Seite war einer im Dorf, der als Gestapo-Angehöriger während des Krieges in eine Einheit kam, die den Auftrag hatte, fahnenflüchtige Desserteure im Ausland aufzuspüren. Später kam er unter den Amerikanern dafür ins Gefängnis, wie auch einige andere dieser Mooser Nazigruppe. Ein Bauernbursche aus dem Dorf, lediges Kind aus armen Verhältnissen, der es leid war, sich auf den Höfen in der Umgebung verdingen zu müssen, schloss sich der SS an und sah in seiner zackigen Uniform plötzlich nach etwas aus. Schlauer wurde er davon auch nicht. Er wurde als Aufseher nach Dachau abkommandiert, wo er von einer Gruppe Gefangener, die er irgendwohin führen sollte, in einer abgelegenen Ecke des Lagers erschlagen wurde. Man hat seine Leiche verbrannt und die Urne seiner Mutter ausgehändigt, die sie Zeit ihres Lebens auf der Wohnzimmerkommode stehen hatte. Eine Nichte, mit der ich befreundet war, hat sie mir dort einmal gezeigt.

1939 – 1945

Jetzt ist Krieg

Draußen hat es geherbstelt, als es am 1.9.1939 hieß: „Jetzt ist Krieg!". Ich war dreizehn und hatte ein mummeliges Gefühl. Was das ist, Krieg, konnte ich mir nicht vorstellen. Die „unmittelbare Mobilmachung" wurde ausgerufen und schon am nächsten Tag mussten die ersten Männer einrücken. In der Brauerei hat man es gleich gemerkt, weil die Brauburschen plötzlich alle fehlten. Und in den Geschäften. Schon bald gab es Bezugskarten für Lebensmittel und Kleidung. Jetzt war offensichtlich, dass da umfassende Vorbereitungen stattgefunden haben mussten. Für sämtliche Waren gab es auf einmal Kontingente, die Bauern durften nicht mehr verkaufen, wie sie wollten. Die Zivilindustrie hat nichts mehr produziert. Alles war, scheinbar von jetzt auf gleich, auf Kriegsproduktion umgestellt worden.

Zuerst wurden die Männer eingezogen, die schon eine Ausbildung hatten. Bei der Musterung wurde festgestellt, wozu sie sich eigneten und entsprechend wurden sie verteilt und eingesetzt. Pferde und Autos wurden requiriert. Die Munk Kettl, die einen Gemischtwarenladen in der Nachbarschaft betrieb, musste ihr gerade erst erstandenes nagelneues Auto abgeben. In Buch wurde der „Braindl" („Brauner"), eines der Zugpferde, eingezogen. Das alles passierte innerhalb eines Monats nach der Kriegsdeklaration, wenn nicht eher. Mitbekommen hat man es nur, wenn man betroffen war oder andere kannte, die auch etwas abgeben mussten. Eine Kommission kam, begutachtete und notierte, was da war. Für die Ablieferung wurde eine Abgabefrist gesetzt, und so haben sie zusammengezogen, was gebraucht wurde.

Vom Polenfeldzug, mit dem alles begann, bekam man nicht viel mit. Man erfuhr nur, was in der Zeitung stand und das war zensiert. Dann kamen die ersten Nachrichten von Gefallenen. Erst waren das nicht so viele, aber doch immer wieder einer, den man kannte. Dann war eine Weile Ruhe. Im Mai und Juni 1940 hörte man vom Frankreichfeldzug. Der ging schnell vorbei und endete mit der Triumphmeldung, dass Frankreich besiegt sei. Nach nur vier Wochen begann die Besatzung Frankreichs durch die Deutschen.

Auf dem Bartl-Hof wurde zu Beginn des Winters in aller Heimlichkeit wie eh und je eine Sau geschlachtet, gewurstet und geselcht. Die gepachteten Felder erbrachten zusammen mit der Ernte des Gemüsegartens und der Obstwiese genug zu essen für die Familie und ein wenig Überschuss, der verkauft oder getauscht werden konnte. Die zwei Kühe im Stall gaben Milch und Butter und die Hühner legten Eier. So mühsam es war, mit den vorhandenen Mitteln dem Acker und dem Hof das Lebensnotwendige abzuringen, Hunger hatten wir nicht. Wer in den Städten lebte, wo es das alles nur rationiert gegen Bezugsmarken gab, schätzte sich glücklich, Verwandtschaft auf dem Land zu haben.

Auch in Buch gingen derweil Leben und Arbeit weiter. Der Großvater war 1937 im Alter von 68 Jahren gestorben. Nach dem 1933 erlassenen „Reichserbhofgesetz" war Hans als sein Nachfolger und Besitzer eines entsprechend großen Hofes jetzt „Erbhofbauer" und galt, weil er zur Versorgung des Militärs und der Bevölkerung beitragen musste, als „UA" – unabkömmlich. Er wurde also nicht eingezogen. Dafür musste er gegen eine magere Entschädigung einen guten Teil dessen, was der Hof erwirtschaftete, an die Wehrmacht abliefern: Pferde, Kartoffeln, Heu, Stroh, Getreide, Holz usw. Verkaufen durften die Höfe ihre Produkte nicht mehr. Auch geschlachtet werden durfte nicht. Getan hat's doch jeder. Muckl wurde als älterer Jahrgang erst 1943 noch eingezogen und verbrachte die letzten beiden Kriegsjahre in Norwegen als Besatzungssoldat. In dem dünn besiedelten Land war seinen Berichten nach alles ganz ruhig und die Norweger seien auch nicht besonders feindlich gewesen. Es gab also kein Bangen um nahe Angehörige und das Leben verlief weitgehend in gewohnten Bahnen.

Hans soll endlich heiraten

Die Großmutter war über siebzig und der Haushalt wurde ihr beschwerlich. Sie appellierte an Hans, endlich zu heiraten, damit eine junge Frau ins Haus kommt und sie entlastet. Der zierte sich. Dabei hatte er schon vor Längerem der Anna Lehr aus Putting die Ehe versprochen. Ganz wohl war ihm mit seiner Wahl nicht und eigentlich hätte er das Ganze gern wieder abgeblasen. Aber weil das ein rechter Gesichtsverlust für die Braut gewesen wäre, hat er es nicht über's Herz gebracht und die Sache nur wenigstens so lange hinausgezögert, wie er konnte. Es kam also gelegen, dass Hitlers Sozialpolitik junge Frauen zu einem Dienstjahr in der Land- und Hauswirtschaft verpflichtete. Ich war so eine junge Frau, die sich zur Entlastung der Großmutter anfordern ließ. Machen müssen hätte ich es nicht, weil wir ja in Moos auch eine Landwirtschaft hatten, aber ich habe die Gelegenheit gern genutzt, offiziell als „Pflichtjahrmädel" in Buch auszuhelfen, bis sich der Hans endlich aufraffte, zu heiraten. Von 1941 auf 42 habe ich also auf dem Müllerbauernhof das Kochen übernommen, damit die Großmutter kürzertreten konnte.

Mit den anderen jungen Frauen aus dem Ort besuchte ich einmal in der Woche in Pleinting die „Feiertagsschule", die ungeachtet des Namens an einem Werktag stattfand. Der Lehrplan kann nicht sehr aufregend gewesen sein, ich weiß nichts mehr davon.

Ich war froh, für eine Weile dem Bartl-Hof entronnen und wieder bei „meinen Leuten" zu sein, die auch in diesen mühsamen Kriegsjahren tatkräftig wirtschafteten und friedlich zusammenlebten.

Während meines Pflichtdienstjahres in Buch waren den benachbarten Höfen über den Sommer drei französische Kriegsgefangene als Helfer zugeteilt. Im nahegelegenen Künzing gab es ein Arbeitsdienstlager, wo man in der Schreibstube Hilfskräfte anfordern konnte. Der Louis war beim Müllerbauern untergebracht, René beim Hiabl und Alexandre beim Hausl, einem weiteren Nachbarn. Sie kamen alle drei aus Paris und waren befreundet. Gut genug Deutsch, um sich verständlich zu machen, konnten sie alle drei. Louis war Geschäftsmann und hat Fotos von seinem Laden gezeigt, Alexandre war Dolmetscher. Die Männer konnten sich frei bewegen, wurden behandelt wie jeder andere auf dem Hof auch und fügten sich in die Gemeinschaft, als gäbe es nichts anderes. Als sie im Herbst verlegt wurden, haben das alle bedauert. Am meisten sie selbst. Hans hat noch um eine Verlängerung eingegeben, aber geholfen hat es nicht.

Zur Arndt kamen wie jedes Jahr, seit sie aus Amerika zurück waren, Hanni und Egon aus der Oberpfalz dazu. Im Beifahrermotorrad – Hanni hinten auf dem Sozius, die Buben im Beiwagen – fuhren sie zu viert die gut 150 Kilometer von Amberg nach Buch. Auch Franz und Maria waren wie jeden Sommer als Erntehelfer aus Grafenau da. Maria nähte und änderte, was Katl ihr zu diesem Zweck in einem Korb in der Stube zusammengerichtet hatte.

Transportfahrzeug der Oberpfälzer Erntehelfer

Wie immer in den Sommerferien, war außerdem der Maier Adolf, der Sohn von der Wolf Leni, für drei oder vier Wochen auf dem Hof. Der Adolf war in München auf dem Gymnasium und sollte Pfarrer werden. Er ist jeden Tag in die Kirche gegangen. Danach hat er am Hiabl-Weiher den Fröschen die Haxn ausgerissen. Das hat mich damals schon geärgert, wie man sowas tun kann. Später ist er eingerückt und danach habe ich nichts mehr von ihm gehört. Ob er zurückkam und wie geplant Theologie studiert hat oder im Krieg gefallen ist, weiß ich nicht.

In der Austragswohnung über dem Waschhaus war Frau Bentsch aus Wien einquartiert, deren Wohnung ausgebombt war. Sie war evakuiert worden und man hatte ihr Unterkunft beim Müllerbauern zugewiesen. Ihr Mann war als Soldat in Frankreich.

Das war die Gesellschaft, die sich in diesem Kriegssommer 1942 beim Müllerbauern zusammengefunden hatte und gemeinsam die Arndt einbrachte. Alle haben hart gearbeitet, aber am Abend saß man auf der Gretbank vor dem Haus zusammen und hat erzählt, gelacht und musiziert. Die Versorgung auf dem Land war ausreichend genug, dass die Großmutter für alle gut kochen konnte, und als alles eingebracht war, hat der Hans für's Arndtbier gesorgt.

Währenddessen gab es hin und wieder Post von Verwandten und Bekannten, die als Soldaten den Frankreichfeldzug mitgemacht hatten und jetzt dort Besatzer waren. Sie haben schöne französische Sachen geschickt. Mir hat der Hofbauer Lois ein Paar Seidenstrümpfe zukommen lassen. Frau Bentsch bekam von ihrem Mann ein paar Schuhe, die ihr nicht passten, und die sie deswegen mir schenkte. Die Großmutter wird ihr Butter oder Speck dafür gegeben haben. Es waren hohe Schnürstiefelchen aus Wildleder, das mit Lackleder kombiniert war. So schöne Schuhe!

In einem der Schränke im oberen Stock habe ich eine Länge Anzugstoff aus feinem Kammgarn gefunden. Er war lilablau mit eingewebten hellen rosa und lila Streifen und stammte noch aus der Inflationszeit. Der Großvater, der immer geschickt war in finanziellen Dingen, hatte erspartes Bargeld in allerhand Raritäten investiert, als er merkte, dass das Geld rapide an Wert verlor. Bei seinen Ausflügen mit dem Rad über's Land hat er befreundete Bauern in der Region besucht. Wenn dann einer was zu verkaufen oder zu vermitteln hatte, hat der Großvater nicht lange gezögert. Eine Viehwaage ist so in seinen Besitz gekommen, auf der die Nachbarn das Gewicht ihrer Stierbummerl überprüften, bevor sie dem Viehhändler den Zuschlag gaben. Ein rotsamtenes Kanapee im Stil von Louis XVI stand in der oberen Stube, und neben Büchern, die keiner gelesen hat, gab es ein Grammophon mit einem riesigen Trichter und ein paar schweren Schellack-Platten, die manchmal auch aufgelegt wurden. Im Dent standen ein „Laufwagl", ein leichtes, wendiges Gefährt, vor das nur ein Pferd gespannt wurde, mit dem man schnell von da nach dort kam. Außerdem hatte er eine richtige Kutsche erworben, wie sie zur Postkutschenzeit gebräuchlich waren, und einen Schlitten mit gepolsterten Sitzbänken, der mit feinem rotem Samt ausgeschlagen war. Als Kind waren diese Fahrzeuge, die sonst niemand gebraucht hat, mein Spielplatz. Das Laufwagl war meine Küche, die Kutsche das Wohnzimmer und der Schlitten mein Schlafzimmer.

Was Schönes zum Anziehen

Keiner der Männer auf dem Hof hatte Interesse an einem lilablauen Anzug mit rosa Streifen. In meiner Not habe ich mich um den Stoff angenommen, der schon lange herumlag, und in der Färberei in Deggendorf einfärben lassen. Das Ergebnis war ein wunderbares Dunkelblau, aus dem die Streifen ganz dezent herausgeleuchtet haben.

Gegen Naturalien wie Schmalz und Butter bot mir Frau Weidner, eine verwitwete Ladenbesitzerin aus Pleinting, zwei Reste Seidenstoff in rosa und lindgrün an. Ich hätte beide haben können, aber in meiner Bescheidenheit habe ich mir nur den rosanen Stoff genommen. Dafür gab mir die Frau Weidner noch ein Stück Lilienmilchseife mit. In einer Zeit, in der es nicht einmal mehr Kernseife zu kaufen gab, erschien mir dieses duftende Seifenstück als das Wunderbarste, das es gab, und ich habe später noch lange nach Vergleichbarem gesucht. Aber als mir nach dem Krieg eine Apothekerin in Osterhofen tatsächlich Lilienmilchseife besorgen konnte, hat sie längst nicht so gut gerochen, wie ich sie in Erinnerung hatte.

Mit den Stoffen bin ich für eine Woche nach Grafenau gefahren, wo mir die Maria ein Kostüm aus dem Anzugstoff und eine Bluse aus der rosaroten Seide nähte. Die Bluse hatte eine breite Schleife und ergänzte das blaue Kostüm perfekt. Auf dem Kopf trug ich dazu einen hochmodernen Strohhut. Die flache geflochtene Kappe ragte wie ein Teller in die Stirn und wurde von einem Strohband um den Hinterkopf herum festgehalten. Zusammen mit den Seidenstrümpfen vom Lois und den Schuhen von Frau Bentsch war ich „die Schönste im ganzen Land". Der einzige Anlass, diese feinen Sachen auszuführen, war, am Sonntag damit in die Kirche zu gehen.

Neues Regiment auf dem Müllerbauernhof

Erbhofbauer Hans Eder heiratet Anna aus Putting

So verlebte ich mitten in den Kriegsjahren eine harmonische Zeit mit lauter herzensguten Menschen, die zusammengehalten und das Beste aus allem gemacht haben. Nichts deutete darauf hin, dass sich daran grundlegend etwas ändern könnte.

Dann hat der Hans geheiratet. Im Frühsommer 1943 kam die Anna Lehr aus Putting (eine entfernte Verwandte vom Lehr Sepp, dem Mann

meiner Tante Nane) mit ihrem Kammertwagen nach Buch und übernahm das Regiment. Und in ganz kurzer Zeit leerte sich der Hof wie auf
ein geheimes Kommando.

Mein Jahr als Pflichtdienstmädl war vorbei und es gab ja jetzt sowieso
eine Hausfrau. Ich ging also nach Moos zurück. Der Muckl heiratete
nach Pleinting und holte später die Mutter zu sich. Es sprach sich schnell
herum, dass es mit der Anna nicht auszuhalten war, und so brauchte der
Hofbauer Lois plötzlich dringend Hilfe und holte seine Cousine Katl
nach Bichlberg. Der Müllerbauernhof war in Nullkomma-Nix men-
schenleer. Auch Magd und Knecht wollten nicht bleiben. Es wurde nicht
mehr gelacht und gescherzt bei der Arbeit und keiner saß mehr am
Abend gesellig auf der Gretbank. Nur noch der Hans und die neue Bäuerin waren da, und die Arbeit wurde im Laufschritt erledigt, wie man
das bei den Lehrs nicht anders kannte. Selbst der Hofhund, der nicht
ordentlich gefüttert wurde, hat gelitten.

Im Herbst kam ich einmal zu Besuch nach Buch. Kein Mensch war zu
sehen, die Küche war leer. Also suchte ich in den Scheunen und Stallungen nach der Großmutter und kam schließlich durch das hintere Tor,
von wo aus sich die abgeernteten Felder den Hügel hinunter erstreckten.
Unten im Tal war eine feuchte Auwiese, auf der saures Gras wuchs. Da
unten stand die „Mutter" mit ihren fünfundsiebzig Jahren im Oktober
barfuß im Morast beim Kühehüten. „Ja Muatta, was duast'n du do Kiah
hiaten?" – „Ja mei, do hab i mei Ruah herunten!"

Nazis, Sozis und feindliche Bomben

Die letzten beiden Kriegsjahre verbrachte ich wieder in Moos. Einmal im
Monat wurden in der Gaststätte Laubenbacher Lebensmittelmarken
ausgegeben: Brot, Fleisch und Fett gab es in zunehmend kleineren Rati-
onen. Für die, die eine Landwirtschaft hatten, war das Problem nicht so
groß und auch auf dem Bartl-Hof gab es genug zu essen. Aber alle anderen Dinge, die man im alltäglichen Leben brauchte, waren knapp oder
gar nicht zu haben. Kleiderstoff und Schuhe mussten mit Marken erstanden werden. Seife und Waschpulver und hundert andere Dinge gab es
nicht, weil die Rohstoffe, aus denen sie hergestellt wurden, für den Krieg
gebraucht wurden.

Allmählich kam immer öfter Nachricht von Soldaten, die im „Feld der
Ehre" gefallen waren, und es fanden Gedenkgottesdienste statt, bei de-

nen der Bürgermeister würdevolle Ansprachen hielt, die die unglückli-
chen Männer aber auch nicht wieder lebendig machten. Überliefert ist,
dass er einmal gesagt hat: „So lieber Kamerad, *schlammere sunft!*". Da
wusste man nicht, ob man lachen oder weinen soll. Wenn es jemand aus
dem Dorf getroffen hat, ging die ganze Familie gemeinsam in jeden dieser Gottesdienste. Wenn Verwandte von auswärts gefallen sind, bin ich
oft hingeschickt worden. In Landshut war ich, und in Garham, oder wo
die gefallenen Verwandten sonst herstammten. Mit der Zeit wurden es
mehr Gefallene und mehr Gottesdienste.

***

In den Städten wurde es immer schlechter. Luxusartikel wie Schokolade
und solche Sachen gab es auch auf dem Land schon lange überhaupt
nicht mehr, aber Grundnahrungsmittel waren da, und gehungert wurde
nicht. In München schon. Wer Verwandte auf dem Land hatte, kam zum
Hamstern, was strengstens verboten und daher für alle Beteiligten ge-
fährlich war. Verstöße gegen die „Kriegswirtschaftsverordnung" von
1939 galten als Sabotage, und wer erwischt wurde, musste mit den här-
testen Strafen rechnen. Wer eine Sau schwarz schlachtete, konnte mit
dem Tod bestraft werden. Geschlachtet hat trotzdem jeder, der eine Sau
hatte.

Das Bombardement, mit dem der Krieg ins eigene Land kam und für
alle sichtbar wurde, hat erst weit weg angefangen. Anfangs hörte man,
dass die alliierten Kriegsparteien die Städte beschossen. Hamburg, zum
Beispiel. Dann sind auch in der Nähe Bomben gefallen. Die Sirenen hat
man nicht gehört. Nur gesehen hat man die Lichter in der Nacht. Wenn
im fast zweihundert Kilometer entfernten Nürnberg bombardiert
wurde, hat man von Moos aus „Christbäume" fallen sehen: Aus den
Kampfflugzeugen wurden miteinander verbundene Leuchtstäbe abge-
worfen, die an Fallschirmen nach unten trieben und am Boden Zielflä-
chen markierten.

München wurde völlig zusammengehauen. Irma war in Schwabing
verheiratet und hatte eine Tochter. Ihr Mann war als Soldat im Krieg.
Als die Luftangriffe auf München begannen, flüchtete sie nach Moos, wo
sie bei ihrem Onkel Franz Unterschlupf fand. Die Münchener Wohnung
wurde teilweise ausgebombt. Im Frühsommer 1944 fuhr sie in die Landeshauptstadt, um nachzusehen, ob sie in die Belgradstraße zurück-

kann. Sie hat mich gefragt, ob ich mitkommen will und ich wollte. Gewohnt haben wir bei ihrer Mutter und ihrer Schwester Adele, die nicht vom Bombardement betroffen waren und die ganze Zeit über in München blieben. Einen Sonntag lang bin ich mit Adele durch das in Schutt und Asche liegende München gegangen. Hie und da mussten wir noch über Trümmerhaufen klettern, wenn auch die meisten Straßen schon freigeräumt waren. Bei den Häusern, die noch standen, waren die weggebombten Fassaden wie abrasiert, so dass die Wohnungen offen klafften, Tische, Stühle, Sofas, Schränke am Abgrund, Mobiliar zerschlagen und durcheinander, alles voller Staub, vieles verbrannt. Ich bekam eine Ahnung davon, wie es in allen größeren Städten Deutschlands ausgesehen haben muss. Es war das einzige Mal, dass ich die Auswirkungen des Krieges in seiner ganzen Brutalität und Zerstörung gesehen habe, und wenn man es nicht gesehen hat, kann man es sich nicht vorstellen. Deshalb bin ich froh, dass ich mir das zerbombte München angeschaut habe. Gefürchtet habe ich eh nichts, aber ich konnte mir nicht vorstellen, dass der Krieg jemals wieder aufhört.

Wir hatten Glück; es gab die ganze Woche lang keinen Alarm und wir mussten nicht in den Luftschutzkeller, so dass mir diese Erfahrung erspart geblieben ist. Meine Freundin Emma hat mir einmal davon erzählt, wie sie mit einem Zug unterwegs war, der auf der Strecke von Tieffliegern angegriffen wurde und evakuiert werden musste. Die Reisenden haben sich unter dem Zug versteckt. Wer über das Feld lief, um anderswo Deckung zu suchen, wurde von den Fliegern regelrecht gejagt, wie die Hasen. Am sichersten war man, wenn man daheim auf dem Land geblieben ist.

Die Fliegerangriffe wurden immer massiver. Deutschland hatte nichts mehr entgegenzusetzen, Bomben und Zerstörung waren jetzt ganz nah. „Kriegswichtige Ziele" wurden zuerst ins Visier genommen. Am 20. April 1945, Hitlers Geburtstag, zerstörten amerikanische Bomber die Deggendorfer Hafenanlagen und die Siriuswerke, die damals als deutschlandweiter Lieferant von Bleicherde ein wichtiger Industriebetrieb waren. Dabei wurde das Eder-Anwesen in Isarmünd getroffen. Eine Woche später wurde die Donaubrücke gesprengt und in den letzten Kriegstagen der Plattlinger Bahnhof und die Isarbrücke zerbombt. Am Ende zerstörten die Alliierten wahllos alles, was noch stand. Von Westen rückten die Amerikaner an, von Osten die Russen. Die Bevölkerung hielt den Atem an, wer als erster da sein würde. In Moos gab es am Ende noch eine wilde Schießerei am Russengraben, wo sich eine SS-Einheit aufhielt. Durchgesetzt haben sich schließlich die Amerikaner.

Die russische Armee trieb eine Flüchtlingswelle in den Westen und nach Bayern vor sich her. Mit einem Treck aus Schlesien kam eine Familie ins Dorf, die sich glücklich schätzte, dass sie den weiten Weg aus der Nähe von Breslau auf einem Wagen hatte zurücklegen können, der von einem mageren aber lebendigen Pferd gezogen wurde. Dem Ehepaar wurde Quartier in einer Knechtkammer auf dem unterhalb der Brauerei gelegenen Weiglhof zugewiesen. Tochter und kleine Enkelin bezogen ein Zimmer auf dem gleich gegenüberliegenden Huberhof. Nach einem Zwischenaufenthalt von wenigen Wochen zog der Treck weiter und verteilte sich schließlich in Hessen. Nur diese eine Familie kam zurück nach Moos. Es hatte ihnen hier gut gefallen. Auf dem Weiglhof fanden sie Anschluss und einen Stall für das Pferd, und sie haben sich hier mehr herausgesehen als in Hessen. Schon 1946 kam der Sohn Karl aus dem Krieg zurück. Er war der Gefangenschaft entgangen und hatte sich zu Fuß nach Bayern durchgeschlagen. Tatkräftig fing er gleich an, Transportdienste anzubieten. Grundlage für seine Unternehmungen, aus denen ein erfolgreiches Fuhrgeschäft werden sollte, war der Wagen, auf dem sich die Familie aus dem Osten hergerettet hatte. Er hatte halbhohe geschlossene Seitenwände und gummibereifte Räder. Das war etwas, was man in der Gegend noch nie gesehen hatte. Kaum angekommen, war der Karl damit in der Gegend unterwegs, transportierte Trümmer ab und lieferte Baumaterial überall dorthin, wo man schon mit dem Wiederaufbau beschäftigt war. Es dauerte nicht lange, bis er sein erstes eigenes Haus baute.

Seine Schwester Gerda, deren Mann vermisst war, machte sich in der Zwischenzeit auf die Suche nach eigener Unterkunft. Frau Weigl, die eine Freundin von der Bartl Katl war, vermittelte ihr das leerstehende Zimmer bei uns auf dem Hof. Die Katl hat das Zimmer unter der Auflage zur Verfügung gestellt, dass Gerda und ihre Tochter keinerlei Kontakt zum Rest der Hausbewohner unterhalten dürften. Diese Vorgabe wurde aber von Anfang an umgangen. Gerda und ich haben uns gleich verstanden und wurden gute Freundinnen. Sie war eine lebhafte, immer gut gelaunte junge Frau, um die zwanzig wie ich, die den ganzen Tag sang. Oft brachten wir das Kind zu den Großeltern auf den Weiglhof, um dann gemeinsam ausgedehnte Fußmärsche in die Umgebung zu machen. Als sich ein junger Mann für sie interessierte, war ich als „Anstandsdame" dabei.

1945 – 1952

Lazarettschiff aus Ungarn

Dann, am 8. Mai 1945, war der Krieg aus. Moos wurde von den Amerikanern besetzt. Vor dem Salzbergerwirt standen Panzer. Im Tanzsaal der Schlosswirtschaft waren Flüchtlinge untergebracht. Das Schloss selbst war Lazarett. Etliche der dort versorgten Verwundeten kamen von Bord eines Lazarettschiffes, das auf der Donau von Ungarn heraufgefahren war und in Niederalteich dauerhaft anlegte. Viele der Ärzte, die damit angekommen waren, ließen sich mitsamt der medizinischen Ausrüstung des Schiffes in Moos oder in der Umgebung nieder. Auch etliche der Passagiere, darunter Handwerker, die auf der wochenlangen Fahrt auf dem Schiff ihr Gewerbe ausgeübt hatten, nahmen ihr Arbeitsgerät und Material mit von Bord in die Unterkünfte, die ihnen zugewiesen wurden. Viele suchten sich mit der Zeit eigene Wohnungen, heirateten, wurden sesshaft. Mit dem, was sie praktisch vom Schiff geplündert hatten, fingen sie ein Gewerbe an und trugen so zum Aufschwung bei.

Einer von ihnen, der Schneider Bach, wurde mit seiner Familie auf dem Bartlhof einquartiert. Die jüngere Tochter Liesl, die ungefähr so alt war wie ich, schlief bei mir im Zimmer. Auch sie wurde mir eine gute Freundin. Ihre Eltern und die ältere Schwester Käte, die schwanger war, wohnten in dem Raum im Erdgeschoss, der bis dahin die Stube gewesen war. Hier auch richtete sich Herr Bach mit der Nähmaschine und den Stoffen und Garnen, die er vom Schiff mitgebracht hatte, eine Nähstube ein. Kundschaft fand sich zunächst unter der Ärzteschaft, mit der sie aus Ungarn gekommen waren. Uniformen wurden umgeschneidert, Militärdecken zu Mänteln verarbeitet. Mit Frau Bach habe ich mich gut verstanden; gemeinsam haben wir am Herd in der Küche gestanden. Frau Bach hat ihrs gekocht, ich meins, das Holz für den Ofen kam vom Hof. Federbetten haben wir der Familie auch zur Verfügung gestellt. Dafür teilten sie Lebensmittel mit uns, die aus den Vorratskammern des Schiffes kamen. Große Dosen gut gewürzter Streichwurst war dabei, wie man sie gar nicht mehr kannte.

GIs im Dorf

Für die amerikanischen Besatzungssoldaten wurden teilweise ganze Privathäuser als Unterkunft geräumt. Bei uns in der Nachbarschaft gab es nicht viele, die geeignet waren. Die meisten waren zu klein und zu alt und deswegen für die GIs nicht komfortabel genug. Wenn die Bewohner ältlich waren oder mehrere Kinder hatten, wurden sie verschont. Die wenigen Besatzungssoldaten, die länger blieben, verteilten sich über's Dorf und fielen nicht weiter auf. Sie waren auch nicht feindlich gesinnt. Genauso froh wie die deutsche Bevölkerung, dass der Krieg aus war, wollten sie jetzt einfach ein wenig leben. Dafür hatte das Dorf nicht viel zu bieten, und wer konnte, zog in größere Orte weiter. Die einzige Attraktion, mit der Moos punkten konnte, waren die Bälle, die in der alten Reitschule am Schloss gefeiert wurden. Dafür wurden omnibusweise die GIs aus den umliegenden Orten herangefahren. Dazu deutsche „Fräulein" zur Unterhaltung und als Tanzpartnerinnen. Während in der altertümlichen Reithalle mit den dicken Mauern und der wuchtigen Steinsäule in der Mitte getanzt und gefeiert wurde, versammelten sich draußen im Hof Leute aus dem Dorf, die das Spektakel sehen wollten. Wie in „Sodom und Gomorrha" gehe es zu, erzählte man sich. Details waren nicht zu erfahren.

Die Buben im Dorf fanden die Panzer und Fahrzeuge spannend und suchten schon deswegen die Nähe zu den Soldaten. Unter ihnen war ein etwa zehnjähriger Blondschopf, den die GIs wegen seiner Haarfarbe „Blondy" nannten. Zeit seines Lebens kannte man ihn von da an im Dorf nur unter dem bavarisierten Spitznamen „Blandi". Viele junge Frauen legten sich als „Fräuleins" einen amerikanischen „Boyfriend" zu, der sie mit Kaffee, Schokolade, Zigaretten und Seidenstrümpfen versorgte. Ein paar von ihnen betrieben diesen Tauschhandel auch professionell und manche handelten sich für die begehrten Luxusartikel schreckliche Krankheiten ein.

Einmal bogen zwei Soldaten von einem Spaziergang ungebeten und ohne Vorwarnung bei uns ins Haus ein. Sie zogen die Vorhänge zu und setzten sich in der Küche auf die Eckbank. Sie waren friedlich, wollten sich offenbar nur ein wenig von ihrer Einheit abseilen, um eine Weile ihre Ruhe zu haben. Es kann auch sein, dass sie mit der Liesl anbandeln wollten, daraus wurde aber nichts. Die Liesl und ich erwarben uns eine gewisse Berühmtheit im Dorf, weil wir zu den wenigen gehörten, die aus Prinzip nicht mit Amerikanern „gingen". Die GIs jedenfalls blieben eine Weile sitzen, dann gingen sie genauso grußlos wieder, wie sie gekommen waren. Angeboten wurde ihnen nichts. Dagelassen haben sie auch nichts.

Für die Bevölkerung ergaben sich zuweilen ganz unverhoffte Vorteile aus dem Besatzungszustand. Ein paar Amerikaner waren in einem ärmlichen Sachl in Kurzenisarhofen einquartiert, an der ansteigenden Straße kurz vor der Kirche. Die Bauersleut' waren alt und gutmütig. Das Pferd, das sie ihr Eigen nannten, durfte auf dem Anwesen frei herumlaufen und manchmal kam es in die Küche und sah sich nach Gemüseabfällen um, bis die Bäuerin es geduldig wieder hinausdirigierte. („Jetzt gehst halt wieder ausse, so bist brav!"). Die GIs, die hier einquartiert waren, hatten Freunde, die es im Gasthaus Schmatz im Nachbardorf deutlich komfortabler getroffen hatten. Solidarisch brachten sie den Kollegen im Bauernhof ein paar weiche Daunendecken aus den Beständen des Gasthofs. Als die Soldaten abzogen wurden, dachte niemand daran, diese Leihgaben zurückzubringen. So schliefen die beiden alten Bauersleut' fortan in so schönen weichen Daunen, wie sie es sich in ihrem Leben nicht hätten träumen lassen.

Der amerikanische Besatzungsspuk dauerte ungefähr ein Jahr und war dann vorbei. Das Geld war wertlos. Der Schwarzhandel wurde nicht mehr so streng verfolgt wie unter Hitler und in jedem größeren Ort gab es Tauschzentralen. Ganze Züge voll „Hamsterern" kamen auf's Land, um säckeweise Kartoffeln, Butter, Schmalz, Fleisch und Würste in die Städte zurück zu schleppen. Die Bauern hatten vom Tauschhandel ganze Scheunen voll mit allem Möglichen, was ihnen gegen Lebensmittel angeboten wurde. Ohne Schwarz- und Tauschhandel ging gar nichts damals, vor der Währungsreform.

Gerda wünscht sich ein Radio

Gerdas größter Herzenswunsch war ein Radio. „Hätten wir nur ein Radio"! – seufzte sie oft. Ich brauchte keines; mir hätte es genügt, dass die Gerda immerzu sang. Aber ich wollte gern sehen, ob ich das Gerät von der Großmutter besorgen konnte. Die unfreundliche Nane, mit der der Hans verheiratet war, wollte es nicht hergeben. Eine Riesengaudi hat sie veranstaltet, als ich das Radio gegen ihren lautstarken Protest, gut eingewickelt in eine Decke, auf dem Gepäckträger meines Fahrrads festzurrte, um es nach Moos zu transportieren. Mir war's egal. Von mir aus konnte sie mich nennen, was sie wollte.

Zuhause stellte sich heraus, dass etwas kaputt war. Im Elektrogeschäft in der Thundorfer Straße sagte mir der Meister, dass das Gerät einen Satz neue Röhren brauche. „Ich wüßt' schon wen, der welche hätt', aber von dem bekommen Sie nichts!" – Wer das denn sei und wo er wohne, ließ ich nicht locker. Schließlich gab er mir eine Adresse am Rand von Plattling, wo in einer großzügigen Villa ein berüchtigter Schwarzhändler sein Geschäft betrieb. Er sei mit allen Wassern gewaschen, hieß es. Ich fuhr mit meinem Rad hin und klingelte. Der Mann machte auf, schaute ein wenig verwundert, was das junge Mädel vor seiner Tür wohl von ihm wollte und hörte sich dann immerhin mein Anliegen an. „Radioröhren? Ja, solche kann ich Ihnen geben." – Was er dafür wolle? Angesichts meiner unschuldigen Jugendlichkeit witterte er das Geschäft seines Lebens. Er stellte seine Forderungen mit wachsender Begeisterung: einen halben Zentner Mehl, zehn Pfund Schmalz, zig Kartons Eier, Speck in großen Mengen und dergleichen mehr. Ich schaute ihn freundlich an und nickte zu all dem. „Alles auf einmal kann ich Ihnen aber nicht geben. Ich fahr jetzt heim und hol eine Anzahlung und dann geben Sie mir die Röhren, und den Rest bring ich dann nach und nach." – Also bin ich nach Moos gefahren, hab auf meinem Rad fünf Pfund Schmalz und zehn Kilo Mehl geholt. Offenbar machte mich das vertrauenswürdig genug, den Satz Röhren ausgehändigt zu bekommen. Danach habe ich nie wieder etwas hingebracht.

Der Elektriker, dem ich die Ersatzteile brachte, staunte. „Des hätt' i net glaubt, dass Sie des z'sambringen!". Er schraubte die Röhren ins Gerät, montierte gleich noch ein Kabel und behielt als Gegenleistung die Batterien. Frau Kasupke konnte Musik hören und alle waren zufrieden. Außer dem Schwarzhändler, der sich hintergangen fühlte. Als weitere Schmalz- und Mehlzahlungen ausblieben, war ihm die Sache irgendwann verdächtig. Er stellte Nachforschungen an und fand meinen Namen heraus. Aber als er auf dem Bartlhof auftauchte und herumkrakelte, was ihm alles zustand, war ich schon in Bichlberg. Meine Mutter wusste von der Sache; ohne ihr Wissen hätte ich die Lebensmittel, die ich ihm gebracht hatte, nicht abzweigen können. Aber sie stellte sich dumm. Wen er denn meint? – „Ah so, des Eder Fannerl; mei, die junge Frau is nimmer da. Die is nach Minga (München) ganga, wohin genau woaß i net. Und von einem Radio woaß i aa nix. Das tuat mia jetzt leid … !"

Neuer amerikanischer Look

Seriöser ging es in den Tauschzentralen zu, die jetzt überall wie Pilze aus dem Boden wuchsen. Die von Moos aus am nächsten gelegene war in Plattling in der Nähe des Bahnhofs. Ich war oft dort und habe mich umgeschaut, was es so gibt. Das schon erwähnte elektrische Bügeleisen habe ich dort erstanden. Und einmal habe ich mir ein Paar Schuhe eingetauscht. Schuhe fehlten am meisten. Während man bei Kleidung mit ein wenig Geschick ändern, anstückeln, umnähen konnte, ließ sich bei Schuhen bestenfalls noch ein paarmal die Sohle flicken. Schöner wurden sie davon nicht. Und was nicht passte, passte nicht. Oft blätterte ich in einem Schuhkatalog, noch aus Vorkriegstagen, den Tante Katl sich einst hatte kommen lassen. Wohl zehn paar Schuhe hatte ich darin angekreuzt, die ich mir alle bestellen wollte, wenn so etwas wieder möglich war!

In den Tauschzentralen für die Bedürfnisse junger Frauen in der Regel nicht viel dabei. Also blieb es dabei, dass Vorhandenes geflickt und geändert wurde. Säume von Kleidern und Röcken wurden herauslassen oder mit Borten verlängert, alte Herrnhemden zu Blusen umgenäht. Löcherige Pullover wurden aufgetrennt und die Wolle noch zu Socken verstrickt. Hosen trugen Frauen ohnehin nicht und T-Shirts mussten erst noch den Sprung vom amerikanischen Herrnunterhemd in die Modewelt schaffen. Mir ging es in Punkto Kleidung noch ganz gut. Meine Mutter und vor allem meine Tante Katl hatten ein paar schöne Stücke aus der Zeit vor dem Krieg, als Hitlers Maßnahmen griffen und es eine Zeitlang alles zu kaufen gegeben hatte. Ich habe den beiden gutmütigen Frauen etliches davon abgeschwatzt. Katl verbrachte sowieso den größten Teil ihres Lebens im Kuhstall, wo ihr eine Schürze über dem alten Rock und die allgegenwärtigen Holzschuhe genügten. Bereitwillig überließ sie mir, was sie an schönen Sachen hatte. Auch eine rote Lederhandtasche bettelte ich ihr ab, die sie sich aus dem Quelle-Katalog bestellt hatte, nicht lange nachdem der berühmte Versandhandel Ende der Zwanzigerjahre gegründet worden war. Aus der Länge brombeerfarbenen Wollstoffs, den die Bartl Gretl auf einer Hamstertour vorbeibrachte, schneiderte mir die Irma einen sehr eleganten Mantel mit schickem Kragen und Tunnelgürtel. Und dann natürlich das dunkelblaue Kostüm mit den lila Streifen! So hatte ich bei Kriegsende eine passable Garderobe zusammen. Als ich später in die Haushaltungsschule kam, hat man mich gefragt, wo ich denn herkäme, weil ich immer so schön angezogen sei.

Bald aber kam unter dem Einfluss der Besatzungsamerikaner der „New Look" nach Europa und damit war die Vorkriegsmode nicht mehr tragbar. Dem schönen Mantel habe ich lange nachgetrauert, aber sehen mochte ich mich darin jetzt nicht mehr. Der neue Mantel, den mir der Schneider Bach aus einer umgefärbten Decke nähte, sah leider eher militärisch als modisch aus. Ein begnadeter Damenschneider war er nicht, der Herr Bach. Im Gegensatz zur knielangen Mode der 40er Jahre reichten die Kleider und Röcke des „New Look" jetzt bis zu den Knöcheln. Die Amerikaner füllten das Nachkriegsvakuum mit einer solchen Warenflut, dass alles, was es vorher gegeben hatte, altmodisch und unmöglich aussah. Das hat aber nur ein paar Jahre gedauert. Anfang der 50er Jahre etablierten sich nach und nach wieder deutsche Modedesigner und entwarfen eine kleidsame, von den Pariser Laufstegen inspirierte Mode. Nach der Währungsreform gab es sie dann bald überall zu kaufen: Weite Röcke mit schmaler Taille und Petticoats darunter. Viel schöner, als das, was man heute „Mode" nennt. Dazu gab es die passenden Frisuren. Aber auch, wenn der Nachholbedarf riesig war: Geld hatten wir weder für Kleidung noch für Friseurbesuche, und so hieß es noch eine lange Zeit, sich irgendwie zu behelfen. So schick zurechtgemacht, wie es die Umstände also zuließen, ging ich mit der Bach Liesl viel spazieren. Andere Freizeitaktivitäten gab es nicht.

Schön langsam kamen jetzt unsere Soldaten heim. Der Nepper Alois und der Kammerbauer Xav, der Buschl Hansl, der Bachmüller Sepp und der Schwarzer Ferdl, das waren die jungen Männer, die ich als Dorfjugend von vor dem Krieg kannte, und die jetzt wieder da waren. Sie taten sich schwer mit dem Heimkommen. Sie waren ausgemergelt, abgemagert und traumatisiert. Manche laborierten an Verwundungen, die nur langsam heilten, und die meisten liefen noch in ihren Wehrmachtsuniformen herum, weil sie nichts anderes hatten. Der Schneider Bach bekam gut zu tun.

Anschluss fanden die jungen Männer auch erst einmal nicht. Die Mädchen hielten sich lieber an die amerikanischen Soldaten, von denen es etwas zu holen gab, statt sich mit den abgeschleppten Heimkehrern abzugeben.

Da konnte der Hell Sepp von Glück reden, dass er der Liesl gefiel. Er hatte mit einem Kieferdurchschuss eine Weile im Lazarett gelegen. Als er entlassen wurde, fand er Anstellung in der Brauerei als Maler. Was er eigentlich von Beruf war, weiß ich nicht. Aber er hatte wohl vor dem

Krieg irgendeine höhere Bildung genossen, war belesen und ließ komplizierte Fremdwörter und ausgefallene Sprüche („Lass sie toben!") in die Unterhaltung einfließen, die vor dem Hintergrund des allseits gebräuchlichen niederbayerischen Dialekts ungewohnt klangen. Er imponierte der Liesl als „Intellektueller". Bald gingen wir zu dritt spazieren. Ich selber habe mir nicht recht wen gefunden, der mir gefallen hätte. So groß war die Auswahl auch nicht, weil ganz viele der jungen Männer, die in den Krieg gezogen waren, nicht mehr heimkamen. Schließlich brachte der Sepp einen Freund zu den Spaziergängen mit, aber der war nicht mein Fall.

Der Verlobte von Liesls Schwester Käte kam und nahm sie wieder nach Ungarn mit. Liesl heiratete den Sepp und die Eltern fanden in der Nachbarschaft zwei kleine Stüberl zur Miete. Zusammen waren die in der Fläche nicht größer, als das eine Zimmer bei uns, aber es waren doch zwei getrennte Räume. Von da aus zogen sie in ein kleines Holzhaus in der Funk-Kurve und wurden nach und nach heimisch im Dorf. Auch die anderen Flüchtlinge, die blieben, fanden dauerhafte Unterkunft und bauten sich Existenzen auf.

Die Heimkehrer fassten wieder Fuß in der Heimat, fanden Partnerinnen und Anstellungen, gründeten Familien. Genesen von Verwundungen und endlich wieder zivil gekleidet, fanden auch sie wieder Freude am Leben und an den bescheidenen Vergnügungen, die das Dorfleben bot. Tanzen gehörte dazu. Der Kreis der jungen Heimkehrer und die Mädchen, die es nicht mit den amerikanischen GIs hielten, trafen sich in privaten Stuben zum Tanzen. Man trug zusammen, was jeder an Schritten und Figuren kannte und übte sie ein. Faschingsbälle beim Salzbergerwirt oder in der Schlosswirtschaft boten Gelegenheit, die erworbenen Kenntnisse anzuwenden. Auch ein Sommerfest im Biergarten der Schlosswirtschaft wartete mit einem Tanzboden auf, und nach und nach mehrten sich die Hochzeiten, bei denen aufgespielt und getanzt wurde.

**

Geheiratet hat bald nach Kriegsende auch meine Tante Katl. Von Bichlberg weg, wo sie die die letzten Jahre ihrem Onkel, dem Hofbauer Franz geholfen hatte, zog sie zu ihrem Mann ins nahegelegene Unterriegl. Sie fehlte dem Hofbauern nun als Arbeitskraft. Eines Tages kam er nach Moos und fragte, ob ich nicht einspringen könnte. Überall war es mir lieber, als auf dem Bartlhof, und so habe ich spontan zugesagt. Von Mai

1947 bis März 1948 war ich in Bichlberg und habe den Verwandten dort den Haushalt geführt.

Es ging nicht so großzügig und modern zu, wie in Buch, aber auch mit dem Franz und seinem Sohn Lois war es auszuhalten. Der Lois war ein frischer und hatte Humor und man konnte sich mit ihm unterhalten. Arbeit gab es auch hier genug und manches war neu für mich. Ganz und gar ungewohnt war es, alle zwei oder drei Wochen einen ordentlichen Vorrat an Brot zu backen. In Buch wurde das Brot im Austausch gegen Mehl beim Bäcker geholt. In Moos war meine Mutter für das Teigkneten zuständig. Die geformten Laibe wurden auf einem Brett aufgereiht, das quer über dem Schubkarren lag. So habe meistens ich die ganze Ladung zum Maierbeck geschoben und fertig gebacken wieder abgeholt.

In Bichlberg hat man selbst gebacken. Am Abend wurde ein Quantum Mehl aus der Mehlkammer mit Buttermilch und Wasser angesetzt. Als Treibstoff kam Sauerteig hinein, der vom Bäcker in Garham kam. Rezept gab es keines; die Mengenverhältnisse musste man im Gefühl haben. Im hölzernen Backtrog wurde die Masse so lange geknetet, bis die gewünschte, seidige Konsistenz erreicht war. Das war eine schweißtreibende Angelegenheit. Danach wurde der Teig zugedeckt und über Nacht gehen gelassen. Wenn die Temperatur stimmte, war er bis zum nächsten Tag nochmal so groß aufgegangen. Am Morgen wurde als erstes der Backofen angeheizt. Er war wie eine ausgemauerte, mit Ziegelsteinen ausgelegte Höhle. Meterscheite Buchenholz, so lang wie der Backofen tief, wurden hineingeschoben und angezündet. Das Feuer brannte stundenlang. Wie viele Scheiter es brauchte, war Gefühlssache und Erfahrung. Während das Feuer im geschlossenen Ofen für ausreichend Hitze sorgte, wurden die Brote geformt. Von dem großen Teigbatzen wurden Portionen abgeschnitten, zu runden Laiben geformt und in Strohkörbe gedrückt. Die Oberfläche wurde eingestochen, damit beim Backen Luft entweichen konnte. Schließlich wurden sie aus der Strohform auf ein langes Brett gestürzt, auf dem man sie durch den hinteren Hauseingang zum Ofen hinaustransportierte. Wenn das Feuer niedergebrannt war, wurde die Asche herausgeholt und das Ofeninnere mit einem eigenen Reiserbesen feucht ausgewischt. Es hat nur so gezischt und gespritzt, wenn die Nässe auf den heißen Schamott spritzte. Mit der runden Holzschaufel wurde jetzt ein Brot nach dem anderen von hinten nach vorne bis kurz vor das Loch eingeschossen und angeordnet. Wenn alles drin war, wurde die Luke zugemacht und mit einem Riegel verschlossen. Nach zwei, zweieinhalb Stunden war das Brot fertig. Mit der

Schaufel hat man die Laibe wieder herausgeholt und mit einem in Wasser getauchten Federwisch – einem Gänseflügel – angefeuchtet. Vierzehn oder fünfzehn Brote, von denen jedes mindestens zwei Kilo wog, waren jetzt fertig.

Von jetzt auf gleich konnte ich das natürlich nicht. Angelernt hat mich Frau Kammert, eine von zwei Schwestern, die als Schlesienflüchtlinge neben dem alten Hofbauern, dem Lois, einem Knecht und einer Magd auf dem Hof lebten. Sie bewohnten die zwei Zimmer, die ursprünglich als Austragswohnung oben im Haus waren, und versorgten sich selbst. Im Januar oder Februar 1945, als der Krieg zu Ende ging, kamen sie mit der großen Flüchtlingswelle aus dem Osten, die die Russen vor sich hertrieben. Massenweise flohen die Menschen aus den Ostgebieten. Mit der Zeit haben sie sich verteilt und Unterschlupf gefunden, sich eingefügt und neu angefangen. Lebensmittelkarten bekamen sie wie die Einheimischen auch, und mit dem Wenigen, was sie mitbrachten, und dem, was sie konnten, haben sie sich Existenzen aufgebaut. Den Flüchtlingen, die ich kannte, hat niemand etwas in den Weg gelegt und ich habe nie gesehen, dass sie schlecht behandelt wurden. Sie brachten neue Gepflogenheiten und neue Rezepte mit. Die Bauern traten ihnen Platz in ihren Gemüsegärten ab, und dort pflanzten sie Paprika und Mais, wie sie es von zuhause gewohnt waren. Die Einheimischen fanden Gefallen an den neuen Gemüsesorten und Zubereitungsarten, die man hier bisher nicht gekannt hatte, und jetzt bereicherten sie das traditionelle Repertoire. Heute noch sehe ich vor mir, wie Adam, ein Batschka, der auf dem Müllerbauernhof einquartiert war, nach dem Schlachten in einem großen Trog Paprikasalami gewurstet hat. Neben der üblichen immer gleichen Blut- und Leberwurst, war diese Art der Dauerwurst etwas ganz Neues.

Frau Kammert half mir also beim Brotbacken und ich gab ihr zum Dank ein, zwei frische Laibe dafür. Heiß aus dem Ofen war das frische Brot köstlich und alle langten gern zu. Wenn es ein paar Tage alt war, ging es langsamer weg. Hergehalten hat der Vorrat ungefähr drei Wochen. Dann musste wieder gebacken werden.

Ansonsten war ich auch in Bichlberg hauptsächlich dafür zuständig, dass Essen auf den Tisch kam. Einmal war ich während der Arndt dabei, für das Abendessen etwas Gebackenes herzurichten. Ausgezogene Krapfen sollte es geben. Den Hefeteig hatte ich mit viel Kraft schon fleißig geknetet, so dass er seidig glänzte und elastisch nachgab. Und aufgegangen war er auch schon. Jetzt war ich ein wenig unschlüssig, wie ich das Formen angehen sollte. Das „Ausziehen" der Teiglinge, so dass sie beim Backen innen knusprig dünn wurden und außen einen weichen, saftigen Rand bekamen, war eine Kunst, die einfach aussah, aber viel Übung brauchte. Ich hatte der Großmutter oft zugeschaut, aber die Krapfen nicht selbst geformt. Jetzt kämpfte ich mit der großen Menge Teig, den ich vor mir auf dem Nudelbrett ausgebreitet hatte. Gerade in dem Moment ging die Tür auf und die Großmutter stand in der Kuchl. Am Tag zuvor war sie zu Fuß aufgebrochen, um ihre Töchter zu besuchen. Von Oberbuch aus war sie nach Pleinting hinuntergegangen und dort mit der Fähre über die Donau gefahren. Über Hofkirchen führte sie der Weg dann den Berg nach Zaundorf hinauf, wo die Nane lebte. Bei ihr hat sie übernachtet. Am nächsten Morgen machte sich die Großmutter auf nach Unterriegl, um Katl zu besuchen, und unterwegs ist sie in Bichlberg eingekehrt. Von hier aus ging es dann zur Katl nur noch einen Kilometer bergab. Zusammen war die Großmutter fast 20 Kilometer unterwegs. Um die 80 Jahre war sie damals alt.

„Ja, mei, Muata, du kimmst ma grad' recht!" begrüßte ich sie freudig. Und ohne Umschweife: „Wie geht denn des mit de Krapf'n?". Die Großmutter legte ihre Tasche nieder, wusch sich die Hände ein wenig und setzte sich zu mir an den Tisch, um Krapfen zu „drehen". In Windeseile rollte sie die Teigkugeln eine nach der anderen in der hohlen Hand und zog sie länglich auseinander. Dann haben wir das Gebäck im heißen Butterschmalz schwimmend ausgebacken. Dafür hat sie nachher gern ein paar mitgegessen. Gegen Abend brach sie gestärkt nach Unterriegl auf, um die nächste Nacht bei Katl zu verbringen.

„Auweh mei Fuaß … !"

In Bichlberg ging es gesellig zu. Es gab junge Leute in der näheren Umgebung, zu denen ich bald Anschluss fand. Die Schwestern Tekla und Frieda Meisner waren ungefähr so alt wie ich. Die männlichen Gegenstücke waren mit Ende Zwanzig durchweg älter als wir Mädchen und gerade aus dem Krieg zurück. Johann war gleich zu Beginn des Russlandfeldzuges gefangen genommen worden, dafür kam er 1946 schon heim. Der Hofbauer Lois hatte in Frankreich einen Armdurchschuss davongetragen, mit dem er in Schweiklberg im Lazarett gelegen hatte, bevor auch er nach Hause durfte. Der Meisner Bennerl und der Niebel Franz hatten Glück gehabt und waren unversehrt nach Hause gekommen. Nur Hansi, der jüngste Meisner-Bruder, war nicht beim Militär gewesen. Es war nicht schwer, die Bichlberger Jugend von den Vorzügen des Tanzens zu überzeugen. So wurden auch hier die Tische und Stühle in den Stuben beseite geräumt, und mit den Kenntnissen, die ich in Moos erworben hatte, gab ich jetzt die Tanzlehrerin. Hansi konnte Ziehharmonika spielen und hat uns mit Musik ausgeholfen. Foxtrott und Wiener Walzer habe ich der Huss beigebracht; und Zwiefachen natürlich: „S'Derndl vom Wintergrea" (Wintergrün) war ein ganz schneller, bei dem alles nur so flog: „S'Derndl vom Wintergrea, mog nimmer hoam geh mehr, hoam, hoam, hoam muaß ma geh …". Der Hofbauer Hans war von Tango fasziniert: „Den „Einfohrad'n" muast ma leana!". Also haben wir auch diesen, auf Bayerisch so exotisch klingenden Tanz geübt. In der großen Bauernstube war Platz genug. Mit unseren Tanzkünsten waren wir für die Bälle und Feste, die in der Umgebung stattfanden, bestens gerüstet.

Franziska zwischen den Meisner-Schwestern, Hansi mit der Zugharmonika; die anderen sind Besuchskinder; Sommer 1947

Am Silvesterabend 1947 auf 48 war Tanz in Garham. Ich lief am frühen Abend mit Frieda und Tekla die fünf Kilometer ins Nachbardorf. Die Mannerleut' waren alle schon vergeben und mussten ihre Freundinnen abholen, so dass wir im Ballsaal vom Wirtshaus alle zusammentrafen. Der Hansi war noch zu jung und durfte nicht mit. Es wurde ein lustiger Abend, den wir durchtanzten bis Mitternacht. Dann haben sich alle ein „Gutes Neujahr" gewünscht, dann spielte die Musik einen Walzer und damit ging es weiter. Schön war's! Getanzt habe ich gern!

Gegen zwei sind wir alle zusammen durch eine bitterkalte Nacht wieder heimgegangen. Aber wir hielten es nach dem Motto „Auwe mei Fuaß, wenn i arbeiten muaß! – Wenn i zum Tanzen geh, duat mia da Fuaß nimmer weh!"

Diesmal hat der Fuß nachher erst wehgetan. Am Morgen des Neujahrstages saß der Lois in der Kuchl und trank seinen Kaffee. Ich stand am Herd und rührte die Kartoffeln, die ich am Vortag schon gedämpft hatte, mit kochendem Wasser zu Saufutter an. Gemeinsam ließen wir noch einmal die Silvestertanzerei Revue passieren.

Dann waren die Kartoffeln fertig und ich stemmte die zwei schweren Eimer vom Herd, um sie in den Stall zu tragen. In den selbstgeschnitzten Holzschuhen, die ich über dicken Wollsocken trug, hievte ich die zwei Eimer Saufutter durch die Eingangstür und über den Gret, der sich an der Rückseite des Hauses entlang zog. Vom Hang herunter lief die Quelle, die den Hof mit Trinkwasser versorgte. Sie war kurz vor dem Haus gefasst und speiste über eine Leitung den Grant vor der hinteren Haustür. Von der wochenlangen Kälte waren der Boden und das Wasser im Grant gefroren und das überlaufende Quellwasser drückte gegen die Hauswand. Eine große Lache hatte sich gebildet, die immer wieder überfror. Ich hätte es wissen können, aber in der ganzen nachwirkenden Walzerseligkeit der Silvesternacht habe ich nicht daran gedacht, und die dampfenden Eimer, die ich vor mir hertrug, versperrten mir den Blick. Da verkantete der Holzbeschuh, als ich den Fuß auf die Eisplatte setzte und verkeilte sich, und ich schlug mit verdrehtem Bein auf den Boden. Meine nächste Wahrnehmung war ein hundsgemein stechender Schmerz im linken Knöchel und die heiße Feuchtigkeit des Kartoffelstampfes, unter dem ich begraben war, und der mir jetzt langsam durch die Kleidung sickerte.

Den restlichen Neujahrstag verbrachte ich unter Schmerzen im Bett. Am nächsten Tag spannte der Lois das Pferd vor das Steirerwagl, deckte mich mit einer Decke zu und fuhr mich den Berg hinunter über reichlich

Schnee nach Garham. Dort ging es auf der Landstraße durch ein paar Ortschaften und dann den steilen Albersdorfer Berg bis zur Donau hinunter. Die Vilshofener Brücke war im Krieg zerbombt und noch nicht wiederaufgebaut worden, so dass wir den Fluss über die wackelige Notbrücke überqueren mussten. Schön langsam hat der Lois das Ross mitsamt Wagen hinübergeführt. Vor Schmerzen war mir auf der holprigen Fahrt ganz schlecht. Im Krankenhaus hat man den Fuß durchleuchtet und festgestellt, dass nichts gebrochen war. Aber eine ordentliche Zerrung und Blutergüsse habe ich davongetragen; Bänder waren überdehnt und der Fuß tat furchtbar weh. Sie haben mir einen Verband verpasst, dann ging es auf dem gleichen Weg wieder nach Hause zurück. Am Abend waren wir wieder daheim. Wiederkommen brauchte ich nicht mehr. Von daher weiß ich, dass alles von allein heilt, auch ohne, dass man dauernd kontrollieren muss. Aber es hat gedauert und ich konnte lange nicht arbeiten. „Und wenn der Fuß nimmer wird, dann kommst für mich auf," habe ich dem Lois gedroht, „schließlich hätt'st längst heiraten können"! – Schon seit Längerem hatte er nämlich eine Braut, aber er scheute das Heiraten. Für die Arbeit hatte er ja mich. Und der Auserwählten gefiel wahrscheinlich nicht, dass ich im Haus schaltete und waltete. Nach meinem Unfall hat sich der Lois dann aber doch einen Ruck gegeben. Im März wurde Hochzeit gefeiert. Der Lois übernahm vom Vater den Hof und die neue Bäuerin den Haushalt und ich war wieder frei.

Bis zur Hochzeit ist beim Kochen, Waschen, Putzen, Bügeln und Saufüttern die Frau Kammert eingesprungen. Ich habe in der Zwischenzeit meinen eingebundenen Fuß hochgelegt und den riesigen Haufen Wäsche weggeflickt, der sich angesammelt hatte. Franz, der ältere Bruder vom Lois, der von Bichlberg weggeheiratet hatte, kam einmal auf Besuch. Er hatte als einziger einen Blick dafür, dass ich allerhand leistete. „Wisst's ihr eigentlich, was das Dirndl hier alles für euch tut?" – hat er der Familie den Kopf gewaschen. Sonst wäre der Lois wahrscheinlich nicht auf die Idee gekommen, mir am Ende meiner Zeit in Bichlberg ein wenig Geld für meine Arbeit zu geben. Der alte Hofbauer Franz war ein schlauer Fuchs, der noch während des Krieges florierende Geschäfte mit einem Schwarzhändler begonnen hatte. Mit dem illegalen Verkauf von Kälbern hatte er einen ganzen Stapel von Hundertern angehäuft, der im Schrank zwischen der Wäsche lag. Davon gab mir sein Sohn Lois jetzt etwas. Kaufen konnte man damit praktisch nichts, weil das Geld nichts wert war und es in den Läden nichts zu kaufen gab. Einen Plan, was ich jetzt tun sollte, hatte ich auch nicht. Da fiel mir ein, dass die Meisner-Mädchen von der Haushaltungsschule in Deggendorf erzählt hatten. Ich beschloss, mir das Institut der Englischen Fräulein, zu dem die Schule gehörte, einmal anzuschauen.

Auszeit bei den Englischen Fräulein

An einem sonnigen Tag im Frühling 1948 fuhr ich mit dem Fahrrad nach Deggendorf und fragte mich durch. Der Gebäudekomplex lag hinter der Pfarrkirche und grenzte an den Friedhof an. Die Haushaltungsschule befand sich in einem separaten Gebäude; ein kleiner Weg führte zum Kloster der Englischen Fräulein, wo außerdem eine Mittelschule mitsamt Internat untergebracht war. Dem Kloster waren eine Landwirtschaft und ein Gemüsegarten angeschlossen, so dass auch hier die Versorgung sichergestellt war. Der Speisekammer kam auch zugute, was die Bauerstöchter mitbrachten, die nie mit leeren Händen kamen. Besonders bei der Küchenschwester waren Schülerinnen von großen Höfen deswegen besonders gern gesehen. Im Übrigen war das hier nicht anders als bei anderen Klöstern. Alle lebten gut vom Ertrag der eigenen Höfe und den frommen Gaben der Gläubigen.

Die Mädchenmittelschule des im 19. Jahrhundert gegründeten „Instituts der Englischen Fräulein" wurde später unter dem Beinamen „Maria Ward" bekannt. Ihr war eine „Grundausbildung Hauswirtschaftslehre" angeschlossen, die in jeweils halbjährlichen Kursen Mädchen und jungen Frauen beibrachte, was sie für die Haushaltsführung wissen und können sollten. Den weitaus größten Teil dessen, was auf dem Lehrplan stand, hatte ich schon seit zehn Jahren jeden Tag praktiziert. Die Aussicht auf ein Semester bei den Englischen Fräulein erschien mir wie das, was man heute eine „Auszeit" nennt.

Die Oberin Mater Riccarda nahm sich Zeit, mit mir zu sprechen. Sie war mir gleich sympathisch und ich ihr auch. Eigentlich war der Jahrgang schon voll. „Wie alt sind'S denn?" – fragte sie mich. „Zweiundzwanzig schon?" – Sie schaute bedenklich. „Hm, da miaß'ma was mach'n … . – Auf eine mehr kommt's nicht z'sam", entschied sie schließlich. Damit war ich in die Schule aufgenommen.

Das Schulgeld konnte ich mit der Barschaft bezahlen, die ich vom Lois bekommen hatte. Ich beglich die Gebühr für das ganze Semester im Voraus und bekam für das bald völlig wertlose Geld eine Art Urlaub. Anfang April fuhr ich mit einem kleinen Koffer auf dem Gepäckträger wieder mit dem Fahrrad nach Deggendorf. Gewohnt habe ich im Kloster, und weil ich überzählig war, habe ich bei Schwester Eusebia im Zimmer geschlafen. Sie war als Näherin im Hauptkloster beschäftigt und hat mir viel erzählt. Ihren ganzen Lebenslauf hat sie mir erzählt. Von ihrem Leben als Braumeisterstochter in Regensburg und von ihrem Entschluss, ins Kloster zu gehen, und wie sie bei den Englischen Fräulein gelandet ist. Viele Klöster hatte sie sich angeschaut; in Deggendorf hatte es ihr schließlich am besten gefallen. Im Gegensatz zu den studierten Nonnen, den Matres, die Unterricht erteilten und eigenes Geld verdienten, war sie eine der Arbeitsschwestern, die wie fleißige Bienen ihre Arbeitskraft gegen Unterkunft und Verpflegung in den Dienst für den lieben Gott und das Kloster stellten. Vor Eusebias Bett stand ein Paravent als Sichtschutz, und durch ihn hindurch haben wir oft bis in die Nacht hinein geredet, obwohl das eigentlich streng verboten war.

Auf dem Lehrplan standen Nähen, Kochen, Hauswirtschaft und Säuglingspflege. Eine Lehrerin von der Mittelschule bot außerdem Unterricht in Stenografie und Buchführung an; beides nahm ich noch dazu. Schon als Kind hatte ich immer „Büro" gespielt und immer noch wollte ich gern zum Franz nach Grafenau und mich dort in der Raiffeisen anstellen lassen.

Etwa fünfzig Mädchen waren mit mir im Sommer 1948 eingeschrieben. Im Winterkurs waren hauptsächlich Bauerntöchter da, weil die dann Zeit hatten. Der Sommerkurs war dagegen ein sehr gemischter Haufen. „Die großen Vier" war ein Kreis auffallend langbeiniger Mädchen, die immer als Quartett auftraten und für Aufsehen sorgten. Zu ihnen gehörten die Klopp Annemierl aus Weiden, die einem Heizungsgeschäft entstammte, die Führmeier Marille aus einem größeren Bauernhof oder gar Gutshof bei Simbach, die Enzberger Hilde aus Eichendorf und die Ortmeier Marianne aus Kehlheim. Großgewachsen, wie die vier waren, spielte der Spitzname auf die Siegermächte Russland, Amerika, England und Frankreich an.

Ich hatte mich mit der lebhaften Scholl Rita angefreundet, die aus einem kleinen Bauernhof in Rettenbach stammte. Gut ausgekommen bin ich auch mit der Berchtl Josefa, die „Pepperl" gerufen wurde, und deren Eltern in Obernzell eine Bäckerei hatten. Die Neff Else aus der Oberpfalz wollte ihrerseits gern mit mir befreundet sein. Auf dem täglichen Weg zur Frühmesse in der Pfarrkirche hat sie sich immer an mich gehalten; sie war recht christlich, das war mir manchmal ein wenig lästig.

Nach dem Kirchgang haben wir die Betten gemacht und dann gab es Frühstück, auf das ich noch nie Wert gelegt habe. Den dünnen Kaffee mochte ich nicht einmal probieren. Das schwarze Brot habe ich nicht vertragen und sonst gab es bei der morgendlichen Mahlzeit nichts, was mich angesprochen hätte. Überhaupt habe ich wenig gegessen. „Bei dir sieht man direkt wia'st weniger wirst.", sagte man mir. Zu Mittag haben wir dann selbst gekocht, und das war auch gut. Zum Kloster gehörte ein Bauernhof, der nicht nur die Haushaltungsschule versorgte, sondern auch Schülerinnen und Personal der größeren Realschule, der ein Internat angeschlossen war. Auch hier herrschte also an Lebensmitteln keine Not.

Für den Unterricht waren die Schülerinnen in Gruppen von fünfzehn Mädchen abwechselnd immer für eine Woche zum Nähen, zum Kochen und in der Hauswirtschaft eingeteilt. Der Rest war theoretischer Unterricht. Säuglingspflege hat die Mater Oberin persönlich gegeben. Woher sie ihre Kenntnisse über Säuglinge hatte, weiß ich nicht. „Man muss die Kinder „erziehen", d.h. „hochziehen", bis in den Himmel hinauf" – war ihre Maxime. Es ging also in erster Linie um „geistige" Erziehung. Sie hat referiert und wir haben mitgeschrieben. Wenn man aufgepasst hat, wusste man, um was es geht, aber zu brauchen war das theoretische Zeug nicht. Praktischen Anschauungsunterricht, an Puppen etwa, gab es nicht.

Nähen hatten wir bei Fräulein Hüsch, die uns viel von ihrer Heimat, dem Sudetenland, erzählte, aus der sie fliehen musste. Oft hat sie auch von ihrem Bruder Hans erzählt, der wie sie den Lehrerberuf ergriffen hat. Der Name ist mir viele Jahre später wieder begegnet als Leiter der Realschule, an der meine Schwiegertochter unterrichtete.

Manchmal war ich gern ein wenig für mich, vor allem beim Nähunterricht. An der Fensterseite des Unterrichtsraumes gab es zehn Nähmaschinen. Jede Schülerin durfte selbst aussuchen, was sie herstellen wollte. Da wurden eifrig Kissenbezüge und Tischläufer genäht oder Schürzen, Blusen und Röcke. Bei dem Maschinengeratter und dem Geschnatter der Mädchen war es mir oft zu laut. Dann habe ich das Fräulein Schön gefragt, ob ich mich auf die Veranda setzen darf. Mater Riccarda hat mich einmal allein mit meiner Handarbeit dort sitzen sehen und mich gefragt, warum ich denn nicht bei den anderen sei. Ich habe ihr gesagt, dass es da so schön ist mit dem Blick auf den Garten und dem Gezwitscher der Vögel. Es war ein schöner Sommer.

Für den Garten war Schwester Humilia zuständig. Die Rita, die Pepperl und ich waren ein wenig speziell mit der sympathischen, nicht mehr ganz jungen Klosterschwester. Eines Sonntags kam sie auf dem Weg von der Kirche an der lauschigen Bank im Klostergarten vorbei, auf der wir es uns gerade gemütlich gemacht hatten. Sie hatte ihren Sonntaghabitus über dem Arm. Zu gern wollten wir wissen, wie wir selbst mit Schleier aussehen würden, also haben wir sie gefragt, ob wir den ihren einmal probieren dürfen. „Vielleicht geh'n wir ja auch ins Kloster." – Obwohl auch das sicher nicht ganz regelgerecht war, hatte sie nichts dagegen und wir haben reihum ausprobiert, wie uns das steht, Nonne sein.

Rita, Schwester Humilia und Franziska vor der Anprobe des Sonntagsschleiers

Als Hausmeisterin fungierte Schwester Magna, die sich nicht mit allen gut verstand. Mit Schwester Melanie, die den Buchführungskurs unterrichtete, hatte sie Differenzen. Und gar nicht konnte sie Küchenschwester Matthäa leiden. Ungeniert versuchte sie, die Schülerinnen zu beeinflussen: „Bringt's der Matthäa nix, die mag eh nur die Bauerntöchter!". Aber für das Fräulein Hüsch schwärmte sie ein wenig. Einmal hatte ich auf der Rückfahrt von Moos in den Isarauen einen Buschen Maiglöckchen gepflückt. Am Eingang zum Kloster begegnete ich der Magna, die sich gleich erkundigte, was ich denn mit dem Blumenstrauß vorhatte.

Ich erzählte ihr, dass ich ihn der Mater Riccarda mitbringen wollte. „Naa, geben'S ihn lieber der Fräu'n Hüsch!", riet sie mir. Ich überließ Magna die Blumen, die sie prompt weiterverschenkte.

In den großen Ferien hatte Mater Riccarda einen Unfall. Sie war zu Fuß nach Aholming gegangen, um sich mit ein paar auswärtigen Englischen Fräulein zu treffen, die in der Gegend zu Besuch waren. Auf dem Weg dorthin knickte sie auf ihren dünnen Steckerlbeinen um und brach sich ein Bein. Nach den Ferien war deswegen Mater Bernhardine zur Aushilfe da. Im zivilen Leben hieß sie Rosa Wehner und stammte von einem Bauernhof aus der Nähe von Schwarzach. Man erzählte, wie sie Jahre vorher als Schülerin in der Haushaltungsschule angekommen war: „I bin's Wehner Roserl und i bin iatzt da!", kam sie frisch daher. Die Rosa war künstlerisch begabt und schnitzte Figuren aus Holz. Mater Riccarda hatte eine Marienfigur von ihr in ihrem Büro stehen. Nach der Schulzeit trat sie im Haupthaus in Nymphenburg ins Kloster ein und wurde Mater Berhardine. Missionsschwester wollte sie eigentlich werden und die Missionskirche, für die sie arbeiten würde, mit ihren Arbeiten dekorieren. Stattdessen schickte sie der Orden, wo man ihr Talent erkannte, auf die Kunstakademie und verkaufte ihre Arbeiten, die sie dort und später in der Klosterwerkstatt schuf, für gutes Geld zum Nutzen des Klosters. Als Mater Riccarda ihren Unfall hatte, war Rosa gerade auf Urlaub zu Hause im Bayerischen Wald und kam bei der Gelegenheit zu Besuch in der Schule vorbei. Sie war gleich bereit, vertretungsweise Riccardas Stunden im Fach Hauswirtschaft zu übernehmen.

Die Leute aus der Stadt konnten Hemden zum Waschen und Bügeln bringen. Für das Kloster war das eine willkommene Einnahmequelle und die Schülerinnen hatten Gelegenheit zum Üben. Meine anfänglichen Ergebnisse beim Falten von Oberhemden kommentierte Bernhardine kritisch: „Eder Fannerl, so geht's net. Die Herren mögen's eng!" – Sie zeigte mir wie, und bis zum heutigen Tag falte ich Hemden „eng". Im Spätsommer mussten wir zweimal unter ihrer Aufsicht Kartoffeln klauben. Das Landwirtschaftliche hat mir noch nie gelegen und so war ich auch bei der klösterlichen Feldarbeit nicht übermäßig eifrig. Die anderen auch nicht. In unserer Arbeitsunlust wurden wir übermütig und haben uns Fetz ausgedacht. Eins der Mädchen hatte einen Fotoapparat dabei und damit haben wir Mater Bernhardine heimlich und verbotenerweise beim Arbeiten fotografiert. Alle wollten mit aufs Bild und haben sich kichernd an sie herangeschlichen, bis sie schließlich merkte, dass etwas vor sich ging. Sie hat ein wenig geschimpft, aber Konsequenzen hatte das keine.

Mit Mater Berhardine beim Kartoffelklauben

Was man auf dem Foto nicht erkennt, ist, dass Bernhardine alias Wehner Roserl mit ihren 28 Jahren jung, schlank und gutaussehend war. Über den Stoff des Lehrplans hinaus gab sie uns manchmal Schönheitsunterricht. „Lippenstift braucht's ihr keinen – immer die Lippen ein wenig mit den Zähnen beißen, davon werden sie schön durchblutet und rot!". Noch einige solcher Tipps hatte sie parat. Als ich ihr erzählte, dass ich mich mit dem Gedanken trug, auch Nonne zu werden, riet sie mir ab. „Naa! Heiraten'S!" – hat sie gesagt.
Im Kochunterricht wurden immer Suppe, Hauptspeise und Nachspeise zubereitet und anschließend gemeinsam gegessen. Kochen konnte ich ja schon von daheim, aber es gab Verschiedenes, was die Großmutter nicht oder nach anderem Rezept machte, und so habe ich aus der Küche bei den Englischen Fräulein doch einiges Neue mitgenommen. Interessant fand ich Desserts, weil es solche beim Müllerbauern nur selten gab. Grießflammerie habe ich in der Schulküche kennengelernt, und zum Geburtstag der Mater Oberin haben wir einmal Karamelleis gemacht.

Dampfnudeln war die Variante einer Mehlspeise, die ich von der Großmutter als Rohrnudeln kannte. Dicke Rollen („Nudeln") aus Hefeteig
wurden in einer gefetteten Form gut zugedeckt auf dem Herd in Was-
serdampf gegart. Das gab unten eine schöne Kruste, aber oben blieben
die Nudeln käsig weiß. Die Großmutter dagegen setzte die Teigstücke
in das beim Schmalzauslassen übrig gebliebene „saure Schmalz", goss
sie mit Milch an und schob die volle Rein in den Backofen, so dass die
Mehlspeise an der Oberfläche goldbraun gebacken herauskam. Ob
Rohrnudeln oder Dampfnudeln: Zu beiden Varianten aß man Apfelkompott oder Kletzen, aufgekochte getrocknete Zwetschgen, oder auch
g'steckelte Milch.

In der Schulküche entstanden auch Torten, die im Kloster für Feierlichkeiten bestellen wurden, und zur Adventszeit konnte man Plätzchen
backen lassen. Die Haferflockentaler, die dabei im Repertoire waren,
habe ich zu Weihnachten in Moos gebacken. Sie haben meinem Stiefbruder so gut geschmeckt, dass er viele Jahre später, als ich schon verheiratet war, extra einmal aus Buch kam und nach dem Rezept fragte. Da waren sie aber längst nicht mehr so gut wie in diesen ersten Jahren nach
dem Krieg, als das einfache Backwerk noch eine besondere Leckerei war.

Den sonntäglichen Braten habe ich meistens verpasst, weil ich die
Wochenenden in Moos verbrachte. Die Mutter war schon immer überfordert gewesen mit dem Hof und der Feldarbeit und was sonst alles in
der Landwirtschaft zu tun war. Jetzt hatte sie obendrein auch noch den
ganzen Haushalt am Hals, den all die Jahre während des Krieges ich erledigt hatte. Gewaschen, gebügelt und geputzt hatte sie nie gern. Und
oft hat sie bedauert, dass die Großmutter sie nicht ans Kochen ließ, so
dass sie sich in ihrem eigenen Haushalt auch damit schwertat. Also habe
ich ihr an den Wochenenden geholfen. Am Samstagnachmittag meldete
ich mich bei Mater Riccarda ab und fuhr ich mit dem Rad auf dem
Damm bis Isarmünd, wo ich mit der Fähre über die Donau setzte. Drüben ging es dann durch den Auwald nach Moos. Mit dem Auto fährt
man heute fast eine halbe Stunde von Moos nach Deggendorf, aber solange es die Fährverbindung gab, dauerte es mit dem Radl nicht viel länger. Die Rückfahrt am Montag früh habe ich so gelegt, dass ich nicht
mehr in die Kirche mitgehen musste.

Ich hätte über das Semesterende hinaus bei den Englischen Fräulein
bleiben können. Der Hausmeisterin Magna stand ein Hausmädchen zur
Seite, das für die Hilfe in der Küche ein Jahr lang kostenlos am Schulun-
terricht teilnehmen durfte. Während meiner Zeit in Deggendorf war das

die Anna. Ihr Jahr war offiziell zu Ende, als für uns die Sommerferien begannen. Lange vorher hatten wir einmal am Abend in einer geselligen Runde zusammengesessen. Schwester Magna lamentierte, wo sie denn nach den Ferien ein neues Hausmädchen hernehmen solle, wenn die Anna nicht mehr da wäre. „Nehmen's halt mich, Schwester Magna!", – habe ich mich aus Spaß angeboten. – „Ja, meinst?". Dann war davon nicht mehr die Rede. Aber als sie nach den Sommerferien fragte „Eder Fannerl, wie iss' denn?" – wusste ich, dass sie mich beim Wort genommen hatte. Ihrem Blick habe ich angesehen, dass sie sich auf meine Zusage fest verlassen hatte und jetzt ganz schockiert war, dass ich das nicht so ernst gemeint hatte wie sie. Das war mir unangenehm. Die Anna blieb dann noch bis zum Ende des Semesters und ich hoffe, die Magna hat danach eine zuverlässige Hilfe bekommen.

Ich verließ die Englischen Fräulein Anfang Oktober 1948 mit einem sehr guten Zeugnis. Das halbe Jahr war ja für mich eher wie ein Erholungsurlaub gewesen und die Anforderungen ein Witz. Zum Abschied habe ich noch das Klosterkochbuch gekauft, das ich später meiner Mutter überlassen habe. Das Heft, in dem wir niederschreiben mussten, was wir im Kochunterricht gebacken oder zubereitet haben, habe ich bis heute aufgehoben.

Zahnarzt Meisl sucht Haushaltshilfe

Während ich in der Haushaltungsschule war, hatte die Währungsreform stattgefunden. Alles was man an Reichsmark besaß, musste bei den Banken abgeliefert werden. Dafür bekam jeder vierzig neue Deutsche Mark Kopfgeld. Ich habe mir dafür ein paar Schuhe gekauft.

Den folgenden Winter 1948/49 verbrachte ich in Moos und schaute während dieser Zeit fleißig die Zeitungen durch. Im Februar stand eine Annonce drin: „Zahnarzt sucht Haushälterin in Eichendorf." Ich wusste, dass die Enzberger Hilde, eine der „Großen Vier", dort herkam. Also habe ich ihr geschrieben und gefragt, ob das was für mich wär'. „Ja, den Meisl, den kenn i, des is ein recht ein patenter". Sie kümmerte sich. Hat den Meisl angesprochen und ihm gesagt, dass sie eine Freundin hat, die für die freiwerdende Stelle passen würde. Ein Vorstellungstermin wurde vereinbart. Am Tag davor bin ich mit dem Fahrrad die knapp zwanzig Kilometer über Burgstall, Ottmaring, Manndorf, Wallerfing und Pitzling nach Eichendorf gefahren und habe bei der Hilde übernachtet. Tags darauf war ich für die Mittagszeit einbestellt. Es war Fasching und der Meisl war am Abend davor auf einer Veranstaltung gewesen. Er gehörte zu einer Clique, die es auf den Umzügen in abenteuerlichen Verkleidungen wild krachen ließ und anschließend bis in die Nacht hinein feierte. Am nächsten Tag war nicht zu übersehen, dass er gesoffen hatte. Der Arztmantel war mit einem einzigen Knopf zugeknöpft und das schwarze Leibchen hat hinten rausgeschaut, als ich pünktlich da war, um mich vorzustellen. Er meinte, ich sei zu jung. Ich sagte (durchaus erleichtert): „Mei, muaß eh net sein." Er überlegte noch einmal und dann: „Doch, bleiben's da, damit ich die Sucherei hinter mir hab." So bin ich in den Faschingstagen 1949 beim Zahnarzt Meisl eingezogen. Im Wohnhaus waren eine Praxis und die Werkstatt des Zahntechnikers untergebracht. Die eigentliche Hauptpraxis betrieb er im nahen Gergweis.

Der Meisl war geschieden. Seine Frau hatte ihn für einen anderen verlassen und war mit ihrem Dschamsterer nach Australien ausgewandert. Er war jetzt seinerseits liiert mit der Binz Sofie, die ich nicht mochte. Sie war ein langweiliges, uninspiriertes und unsympathisches Frauenzimmer, „a fade Moin", wie man auf bayrisch sagt. Die beiden sind viel auf Bälle gegangen, danach hat sie bei ihm übernachtet. Einmal kam ihr Bruder und hat sie furchtbar geschimpft, was sie sich dabei denkt und was die Leut' reden!

Ich habe den Haushalt geführt. Die ältere Tochter Anna ist ins Internat gegangen, die neunjährige Erna war zu Hause. An Ostern hatte sie ihre Erstkommunion und ich habe das Essen dazu ausgerichtet. Verwandtschaft kam zu Besuch. Ich machte eine gebackene Leberknödlsuppe, einen Rinderschmorbraten in Rahmsoße mit breiten Nudeln und Salat („Besuchsfleisch" heißt das bei uns noch heute, weil es sich in großen Mengen gut vorbereiten lässt) und zum Kaffee einen „kalten Hund". Es hat allen geschmeckt. Im Wartezimmer war eine lange Tafel aufgebaut. Der Meisl mochte besonders die Suppe und das Ganze war ein rechter Erfolg.

Mit den Meisl-Töchtern unterwegs zu einem Besuch nach Moos.

Neben dem Haus vom Meisl war ein Café, in dem ich manchmal meine Mittagspause verbrachte. Einmal erzählte die Kellnerin Mechthild von dem großen Empfang, den man einem Spätheimkehrer am Bahnhof bereitet habe. Es war der Sohn von einem Eichendorfer Bierbrauer, der erst jetzt, lange nach Kriegsende aus russischer Gefangenschaft nach Hause zurückgekommen war. Vier Jahre war er als Zwangsarbeiter in einem Steinbruch am Schwarzen Meer geschunden worden, bevor er als einer der letzten Heimkehrer freigelassen wurde. Die harten Jahre hat er mit viel Glück überlebt, weil er bei seinen Mitgefangenen und bei manchen Aufsehern beliebt war und manchmal ein zusätzliches Stück Brot zugesteckt bekam. Mit einem Freund hat er sich im Schichtwechsel ein Paar Schuhe geteilt, so dass keiner von beiden barfuß arbeiten musste. Unter den Bewachern war eine kleine, ältliche Russin, die unter ihrer warmen Felljacke eine Kittelschürze trug und klobige Stiefel an den Füßen. Mit einem Gewehr auf dem Schoß saß sie auf einem Hocker und ließ sich foppen. Wenn einer ihr zurief „Munition, Mamuschka?", antwortete sie prompt jedes Mal „Da Munition!" und klopfte dabei auf ihre Schürzentasche, wo die Patronen schepperten.

Lebend, aber völlig abgemagert kam Lois am Muttertag 1949 in die Heimat zurück. Die Schneidezähne waren ihm in Russland weggefault, und so führte ihn gleich am ersten Tag nach seiner Ankunft der Weg zum Zahnarzt.

Während der Meisl noch außer Haus war, habe ich das Zahnarztbesteck saubergemacht, damit es wieder frisch war für die Sprechstunde am Nachmittag. So kam es, dass ich in der Praxis war, als der Alois zu seinem Termin kam, um seine falschen Zähne anzuprobieren. Der Zahnarzt hatte ausrichten lassen, dass er sich verspäten würde, und so fing der Techniker schon einmal an, dem Patienten das Gebiss anzupassen. Ich stand im Behandlungszimmer und putzte die Gerätschaften. Während der Techniker Franz der Prothese den letzten Schliff gab, bin ich mit dem Lois ins Reden gekommen. Er hat mir gleich gefallen. Das wiederum war dem Franz nicht recht, der mir einen Freund hat andienen wollen. Weil der aber so ein Trumm Nase im Gesicht hatte und auch sonst hässlich war, kam er auf keinen Fall für mich infrage. Er ist auch bald gestorben. Den Lois hat der Franz einen Schürzenjäger genannt. Aber er sah gut aus und war lustig und bemühte sich um mich. Unter anderem um mich. Das wusste ich damals aber nicht. Mit seinen neuen Zähnen ist er bald nach München gegangen und hat sich Arbeit gesucht.

Wenn er am Wochenende bei den Eltern in Eichendorf war, trafen wir uns, und nach und nach erfuhr ich mehr von ihm. Als gelernter Spengler hatte er während des Kriegs in Bad Aibling im Flugzeugbau gearbeitet und hätte als Beschäftigter in einem „kriegswichtigen" Unternehmen gar nicht mehr einrücken müssen. Auf der täglichen Bahnfahrt zur Arbeit hatte er den Ernst, einen Kollegen, kennengelernt, mit dem er sein Leben lang eng befreundet blieb. Auch der Ernst wäre nicht mehr eingezogen worden, aber die zwei wollten nicht als „Vaterlandskrüppel" gelten und beschlossen gemeinsam, sich freiwillig zu melden. Das war 1943, zwei Jahre vor Kriegsende, und der Lois war zweiundzwanzig. Bevor sie einrückten, hat der Lois den Ernst noch mit seiner ältesten Schwester Hilde verkuppelt. Ihre Rekrutzeit haben die beiden in Kaufbeuren absolviert, dann waren sie als Besatzungssoldaten zusammen in Frankreich, das schon besiegt war. Danach trennten sich ihre Wege: Während der Ernst nach Griechenland geschickt wurde, musste Lois nach Osten.

Am 22. Juni 1941 hatte Hitler Russland überfallen und brauchte seither unablässig Nachschubtruppen, die in Polen zusammengezogen wurden. In Moos war für kurze Zeit eine ganze Kompanie Rheinländer einquartiert, die, von Frankreich kommend, als Menschenmaterial für den Russlandfeldzug „zwischengelagert" wurden. Auch der Lois wurde über Polen nach Russland transportiert und war dann im Feldzug fest dabei. Später hat er manchmal vom „Schützen II", seinem Sturmgewehr, erzählt und davon, wie schlecht es ihnen gegangen hat und wie kalt es war. Hin und wieder ist ein Packerl gekommen von der Mutter, das war immer ein Fest. Im Januar oder Februar 1945, als sie schon im Rückzug waren, hat ihn bei Graudenz eine Granate erwischt. Mit einem Bauchdurchschuss ist er ins Lazarett nach Breslau gekommen, das russisch besetzt war. Von dort haben die Russen den noch nicht Genesenen ein Vierteljahr später, im Sommer 1945 in ein Gefangenenlager ans Schwarze Meer geschickt. In einem mit Menschen vollgepferchten Viehwagen. Der Krieg war schon seit Mai zu Ende. Das hätte er sich alles ersparen können, wenn es ihm nicht Ehrensache gewesen wäre, wie die Kameraden in den Krieg zu ziehen. Längst nicht alle hatten solche Skrupel. In Moos kannte ich einen, der vor der Musterung Kreide gegessen hatte und mit Magenbeschwerden, die sich wunschgemäß einstellten, aussortiert wurde.

Als Heimkehrer hat der Lois die erste Zeit bei Hilde und Ernst gewohnt, die schon verheiratet waren. Ich habe das Paar bald kennengelernt und wir haben oft zu viert etwas unternommen.

Münchener Zeiten

Anfang des Jahres 1950 hat mich meine Vorgängerin besucht. Sie hieß auch Franziska. Neugierig, wie es beim Meisl weitergegangen war, kam sie auf einen Plausch vorbei. Es war Mittwochnachmittag, als sie klingelte, weil sie wusste, dass der Meisl dann in Gergweis ist. Sie hat sich erkundigt, wie's geht und mich ein wenig ausgefragt. Auch sie mochte die Sofie nicht; ihretwegen hatte sie gekündigt. Jetzt wusste sie zu berichten, dass der Meisl und die „Soff" heiraten wollten und empfahl mir dringend, mir etwas Anderes zu suchen. Ob ich nicht bei den Amerikanern arbeiten wolle? Beim Meisl verdiente ich fünfzig Mark im Monat, bei den Amerikanern gab es, bezahlt vom deutschen Staat, das Dreifache und Kost und Logis dazu. Das amerikanische Besatzungspersonal lebte je nach Rang komfortabel bis luxuriös, oft in großen Häusern oder Villen, die von der Militärregierung beschlagnahmt worden waren. Wegen der guten Bezahlung und ihrem Zugang zu militäreigenen Läden waren die Amerikaner als Arbeitgeber äußerst attraktiv. Viele Lehrerinnen waren in dieser Zeit des Umbruchs, in der sich das Schulsystem erst wieder etablieren musste, mit solchen Anstellungen hochzufrieden. Franziska versorgte mich noch mit ein paar nützlichen Adressen und machte sich wieder auf den Weg.

Umgehend reichte ich meine Kündigung ein und schaffte meinen Koffer auf dem Fahrrad zurück nach Moos. Von dort fuhr ich mit dem Zug nach München und suchte mir die Königinstraße, wo die Agentur saß, die deutsche Haushaltskräfte in amerikanische Familien vermittelte. Die Adresse war in der Nähe von Schwabing und vom Bahnhof ein gutes Stück zu gehen. Ich habe mich bis zur Dachauer Straße durchgefragt und von dort die Agentur gefunden. Überhaupt bin ich überall hingekommen, wo ich hinwollte.

„Können'S denn Englisch?", wollte die Dame in der Vermittlung von mir wissen. Das musste ich verneinen. „Dann lernen'S Englisch und dann kommen'S wieder". Also bin ich den ganzen weiten Weg wieder zurückgegangen. Unterwegs bin ich auf die Idee gekommen, die Bartl Gretl zu besuchen. Ich fand die Adresse – Dachaucherstraß Nr. 52 –, bin in den ersten Stock hinauf und hab geläutet, aber sie hat nicht aufgemacht. Mir ist dann eingefallen, dass sie einmal erzählt hat, dass sie nie aufmacht, wenn wer klingelt. Sie konnte ja auch nicht wissen, dass ich das war vor der Tür. (Später, als ich nur ein paar Häuser weiter wohnte, bin ich nicht mehr hinübergegangen zur Gretl und sie hat gar nicht erfahren, dass wir praktisch Nachbarinnen waren.)

Erst einmal bin ich aber wieder hinunter und habe mir in einer provisorischen Imbissbude, die inmitten des ausgebombten Viertels offen hatte, ein Paar Wiener Würstel gekauft. Am Tresen unterhielt sich die Wirtin mit einer Frau, die offenbar eine Nachbarin war. Weil ich ansonsten der einzige Gast war und die Frauen laut sprachen, habe ich zwangsläufig mitangehört, was sie redeten. Es ging darum, dass die Nachbarin jemanden für den Haushalt brauchte. Sie ging, bevor ich mit dem Essen fertig war. Beim Zahlen habe ich die Wirtin nach ihr gefragt. „Ja, die Frau Schöberl sucht jemand. Wohnt gleich gegenüber. Gehen'S nur rüber und sagen'S, dass ich Sie geschickt hab'." Ich klingelte an der bezeichneten Tür und stellte mich vor. Wir sind uns rasch einig geworden, dass ich am 1. März anfangen soll.

Damit begann eine bewegte Zeit in München. Allein der Unterschied zwischen Stadt und Land war atemberaubend. Während der Aufschwung in den Dörfern und auf den Bauernhöfen nur langsam ankam, war das Wirtschaftswunder in den Städten schon in vollem Gange. Das zwischen Bombenruinen neu gebaute und ausgestattete Haus der Schöberl mitsamt Geschäft und Büro ließ mich staunen. Wie konnte das sein? Wo war das alles her? Gerade eben hatten noch Krieg und Hunger und Elend geherrscht und man hatte nichts kaufen können, und jetzt komme ich in ein Haus, wo schon alles da ist.

Im Vorderhaus des langgezogenen Grundstückes an der Dachauer Straße war ein improvisierter Verkaufsraum, in dessen Auslage Elektrogeräte standen. Eine junge Frau, mit der ich mich später oft ein wenig unterhalten habe, wirkte darin als Verkäuferin und Büroangestellte. Die lange Seite des riesigen Hinterhofs war von einem Neubau begrenzt, in dem ein Italiener eine Eisfabrik betrieb. Rückwärtig erstreckte sich über die ganze Breitseite des Grundstücks das Wohngebäude. Der Eingang zur Wohnung im ersten und zweiten Stock lag auf der Hofseite. Im Erdgeschoss neben dem Treppenhaus war mein Zimmer. Dahinter, und von dieser Gebäudeseite aus nur über eine Treppe vom ersten Stock aus zugänglich, gab es ein Büro, eine Werkstatt und einen großen Lagerraum.

Im ersten Stock ging es von der Treppe aus links in ein riesiges Wohnzimmer, an das sich ein nicht minder großes Esszimmer anschloss. Beide Räume bildeten einen langen Schlauch, in den nur durch die breite Fensterfront des Wohnzimmers Tageslicht fiel. Der hintere Teil lag im Dunklen. Auf der anderen Seite des Treppenhauses befand sich eine kleine Küche. Im Stockwerk darüber war das Schlafzimmer von Frau Schöberl. Sie lebte mit ihrem Freund, dem Herrn Mittermeier, zusammen, der sein eigenes Zimmer hatte, aber bei ihr schlief.

Das alles war nur fünf Jahre nach Kriegsende schon fix und fertig gebaut und pompös eingerichtet. Eine ganze Wand des großen Wohnzimmers war bedeckt mit Regalen voller Bücher, die alle mit dem Reichsstempel versehen waren. Sechs Sitzgruppen standen herum, Teppiche feiner Qualität lagen auf dem Boden. Der Mittermeier fuhr schon einen Mercedes.

Die Frau Schöberl war verheiratet gewesen mit dem alten Wilhelm Schöberl, der gerade verstorben war. Als ich am verabredeten Tag bei ihr ankam, musste ich eine Stunde auf sie warten, weil sie gerade zur Testamentseröffnung beim Notar war. Sie hat alles geerbt, Wohnhaus und Elektrogeschäft und Eisfabrik. Das hat mir ihr Bruder, der Herr Nieß aus Ingolstadt, einmal erzählt. Weil er im Krieg ein Bein verloren hatte, konnte er als schon älterer Nachkriegsstudent auf Staatskosten studieren. Ingenieur wollte er werden. Im Gegensatz zu seiner Schwester war er ein recht patenter Mann.

Woher die ganzen Sachen stammten, hat er nicht erzählt. Aber wer Talent hatte für so etwas, konnte nach dem Krieg alles Mögliche „finden". Skrupellose Kriegsgewinnler plünderten Bibliotheksbestände und Warenlager, bevor jemand auftauchte, der Besitzansprüche anmelden konnte. Ganze Geschäfte wurden auf der Grundlage von Wehrmachtsbeständen aufgebaut, die jetzt scheinbar herrenlos waren. Alliierte Offiziere reichten Einrichtungsgegenstände aus requiriertem Nazibesitz nach ihrer Dienstzeit an Mittelsmänner weiter, die sich auf solche Quellen spezialisiert hatten. Treue Vaterlandskämpfer starben noch Jahre nach Kriegsende in russischen Gefangenenlagern, während sich daheim gewiefte Profiteure im Nachkriegschaos eifrig bereicherten.

Für das Vermögen in der Dachauer Straße hatte noch der Herr Schöberl gesorgt. Er hatte offenbar Grund und Geld und war schon alt, und sie hat ihn rechtzeitig geheiratet, bevor er starb und sie zur Alleinerbin machte. Alle vierzehn Tage kam eine Bauersfrau aus Fürstenfeldbruck und brachte Eier. Wenn die Chefin nicht da war – und das war meistens der Fall – nahm die Eier ich entgegen und bezahlte sie. Mit der schönen kleine Mokkamühle, die es in der Küche gab, habe ich dann jedes Mal Bohnen gemahlen und der Eierfrau einen Mocca gekocht. Sie hat sich dann immer in der Küche breitgemacht, hat den Kaffee gelobt und wurde gesprächig.

„Ah geh, ein solchenes Luder ist sie g'wesen" (die Rede war von Frau Schöberl), „zusammen waren wir in einem Wirtshaus und haben bedient und sie hat in der Küche geholfen, und heute tut sie Wunder wie und hat die Nas'n auf der Höh …". So ist die Eierfrau höchst interessant über die Schöberlin hergezogen. Aus ganz armen Verhältnissen sei sie gekommen und habe also als Kellnerin oder Küchenhilfe gearbeitet, bevor sie den Schöberl geheiratet hat, „…und jetzt gibt sie an wie eine Steig'n voll Affen"!

Als Witwe war die Frau Schöberl jetzt um die Vierzig, blond, schlank, aufgedackelt und wohlhabend. Als die Bartl Irene mich einmal in der Dachauer Straße besuchte, kam sie innerhalb der wenigen Momente, in denen Frau Schöberl ihr aufmachte und sie nach oben führte, zu dem Urteil: „Des is aber eine Scharfe!". Außerdem musste ich bald feststellen, dass sie ein rechtes Mistviech war.

Es stimmt schon, dass im Haushalt nicht extra viel zu tun war. Die Schöberlin hatte keine Kinder, und die Wäsche hat sie aus dem Haus gegeben, so dass es nichts zu waschen und zu bügeln gab. Unter der Woche habe ich für sie und ihren Freund gekocht. Manchmal kam mittags auch der Herr Nieß zum Essen vorbei. Am Samstag und Sonntag waren Frau Schöberl und der Mittermeier mit seinem Mercedes unterwegs, manchmal zum Segeln an den Starnberger See. Ich hatte dann frei. Meistens traf ich mich mit Lois, Hilde und Ernst. Hilde packte Schnitzel mit Kartoffelsalat zu einem Picknick zusammen und damit machten wir uns zu Ausflügen in die Umgebung auf. Mit dem Radl fuhren wir hinaus in die Menterschwaige oder zum „Flaucher", eine große, bei den Münchenern beliebte Ausflugswirtschaft in Grünwald, die es heute noch gibt. Wochenendausflug war so ein Münchner Ding. Die halbe Stadt war am Sonntag unterwegs im Grünen.

Mit dem Bus waren wir einmal am Tegernsee und haben uns Kirche und See angeschaut. Ein andermal sind wir mit dem Zug nach Garmisch gefahren und von dort aus auf den Gipfel vom Wank gewandert. Es war ein schöner, warmer Sommertag und es ging hoch hinauf. Hilde konnte irgendwann nicht mehr gehen. Wir haben ihr ein schattiges Plätzchen gesucht und sie dort sitzen lassen. Eine Zitrone haben wir ihr noch dagelassen, gegen den Durst, und dann sind wir weiter zum Gipfelkreuz hinauf.

Franziska und ihr späterer Schwager Ernst auf dem Gipfel des Wank

Beim Abstieg, nachdem wir Hilde wieder abgeholt hatten, habe ich mir fürchterliche Blasen gelaufen. Ich weiß gar nicht mehr, wie ich den Berg wieder hinuntergekommen bin. Die Männer liefen leichtfüßig die Serpentinen hinunter. Ein paar Kurven weiter unten haben sie dann zu uns hinaufgefeixt: „Geht's halt a bissl schneller ...!" An- und Wortführer war der Lois, und ich hätte ich ihn umbringen können. Hilde und ich hatschten hinterdrein zum Ortseingang von Garmisch und durch den ganzen Ort bis zum Bahnhof. Unterwegs habe ich die Schuhe ausgezogen und bin den Rest barfuß gelaufen. Als wir endlich ankamen, saßen die beiden vor der Bahnhofsgaststätte in einer lauschigen, weinbewachsenen Laube bei einem kühlen Bier und haben „gezahnt" (gegrinst) wie die Holzfuchsen". Ich habe den Lois dann eine ganze Zeit nicht mehr angeschaut.

Frau Schöberl hatte derweil Angst, dass ich für die fünfzig Mark im Monat, die sie mir bezahlte, zu wenig Arbeit haben könnte. Deswegen hat sie mich in dem riesen Esszimmer den Boden abziehen lassen. Das war eine völlig unsinnige Aktion, weil die Wohnung ganz neu war. Außerdem war alles mit feinen Teppichen ausgelegt. Aber sie wollte mich halt drangsalieren. Auf den Knien rutschend habe ich mit Stahlwolle und bloßen Händen Stück für Stück das tadellose Parkett abgeschliffen. Ich weiß nicht mehr, wie weit ich gekommen bin, bis ich von der einseitigen Belastung eine Schleimbeutelentzündung im Handgelenk bekam.

„Ja, damit können'S nicht bei mir bleiben. Da müssen'S in Krankenhaus gehen", war Frau Schöberls mitfühlende Reaktion. Ins Krankenhaus wollte ich aber nicht, also bin ich mit einer Krankschreibung für eine Weile nach Moos geflüchtet.

Als ich wieder zurück war, hat mich die Bürodame vom Geschäft unten gefragt, warum ich mir das weiter antun will. „Geh, warum mögen'S denn bei *der* (Frau Schöberl war wieder gemeint) überhaupt bleiben? Schaun's Ihnen doch um was anderes"! – Ich sagte, „Mei, ich bin fremd in München, um was soll ich mich denn schauen?" – Ich erzählte ihr von meinem erfolglosen Bewerbungsversuch bei den Amerikanern. Die Angestellte war konstruktiv: Sie habe eine Bekannte, die da arbeitet und vielleicht vermitteln kann. Dann gab sie mir eine Anschrift unten beim Botanischen Garten mitsamt Hausnummer. Ich soll nach der Frau Gabei fragen.

Schnurstracks bin ich mit dem Rad in die Badstraße gefahren und habe mich bei selbiger Frau Gabei erkundigt, ob sie mir nicht eine Stelle vermitteln könne. Sie war ganz erfreut. „Ja, das trifft sich gut. Bei der Amerikanerin, wo ich jetzt bin, da ist grad das Mädchen gegangen. Vielleicht hat sie schon jemanden, aber kommen'S halt hinaus nach Harlaching." Ich soll mich nur gleich vorstellen. Frau Gabei hat sich darum gekümmert, Tag und Stunde ausgemacht, und ich bin zum vereinbarten Termin in die Menterschwaige gefahren, wo die kleine Michelle entschied, dass ich dort anfangen soll.

Wer weiß, wie lange ich noch bei der Schöberl geblieben wäre, wenn ich nicht gerade an dem Tag die Adresse von der Frau Gabei bekommen hätte, deren Arbeitgeberin gerade in dem Augenblick jemanden suchte. Im Rückblick staune ich immer wieder darüber, welche Wendungen das Schicksal oft nimmt und wie sich eins zum anderen fügt.

Es war noch in der Mittagszeit, als ich in der Prösslstraße eintraf. Mrs Coat war gerade dabei, die knapp einjährige Tochter Michelle zum Mittagsschlaf hinzulegen. Ich stand im Kinderzimmer. Michelle, gar nicht müde, hat gestrampelt und gelacht und sich von mir auf den Arm nehmen lassen. „Also gut, wie du willst, Michelle", sagte die Mutter. Ich bekam die Zusage. Später erzählte Mrs Coat mir, dass sie die Stelle schon so gut wie vergeben hatte. Aber als die junge Frau sich vorstellte, hatte Michelle geweint und wollte nicht hingehen zu ihr. Sie war ein lebhaftes, blondgelocktes Mädchen mit einem unwiderstehlichen Lachen und für mich das schönste Kind der Welt.

Meine Tage bei der Schöberl waren also gezählt und zwischen mir und dem Lois herrschte nach der schmerzhaften Bergwanderung auf den Wank immer noch Funkstille. Auch zu Hilde und Ernst bin ich nicht mehr gegangen. Ich hatte meinen Stolz. Da merkte ich erst, dass ich sonst überhaupt niemanden kannte in der Stadt. An den Wochenenden fühlte ich mich plötzlich einsam. Ich zog in Erwägung, mich einem der Vereine anzuschließen, die regelmäßig Fahrten in die Alpen anboten. Ein Geselle der Schöberls, der unten in der Werkstatt arbeitete, kam aus den Bergen. Er hat mir gern von den Ausflügen erzählt, die er mit dem Alpenverein unternahm. Ob ich nicht einmal mitkommen wolle…? Er hatte ein Auge auf mich und er war mir nicht unsympathisch, aber ich war ja schon vergeben.

Eines Tages lud mich Frau Gabei zu sich nach Hause ein. Beim Plaudern hat sie wohl gemerkt, dass ich Anschluss nötig hatte. Da passte es gerade gut, dass sie einen „Zimmerherrn" hatte, der auch alleinstehend – „einschichtig" – war. Ganz begeistert schwärmte sie mir von ihm vor; wie weit er es auf dem zweiten Bildungsweg gebracht habe und was er alles wisse und könne, und ich könnte doch einmal am Sonntag mit dem Rad mit ihm hinausfahren. Frau Gabei lud mich bald darauf gleich noch einmal ein und arrangierte, dass auch der fragliche Untermieter zugegen war. Der entpuppte sich als ein intelligenter Mann, der sich mit vielem auskannte und nicht unsympathisch war. Die Unterhaltung war anregend genug, dass ich das Strickzeug nicht brauchte, das ich für alle Fälle mitgenommen hatte. Aber gefunkt hat es nicht. Der Lois war meine Kragenweite und mein Schicksal; da war nichts zu machen.

Ein paar Tage später kam der Zimmerherr bei mir vorbei, um mir die Stricknadeln zu bringen, die ich bei der Frau Gabei hatte liegenlassen, und weil ich immer noch einen Grant auf den Lois hatte, habe ich mich spontan zu einer Spazierfahrt überreden lassen. Auf der Heimfahrt hat er mich bis in die Dachauer Straße begleitet. Gerade als ich bei der Schöberl ankam, stand der Lois da mit seinem Rad. Er hatte mich gesucht und wollte wieder anbandeln. Ob er gesehen hat, dass ich in Begleitung gekommen war, weiß ich nicht. Jedenfalls fragte er mich, ob ich noch eine Runde mit ihm drehen wolle, und ich bin mitgefahren. Der Zimmerherr, der bei dem lebhaften Verkehr auf der Straße ein wenig zurückgeblieben war, ist diskret weitergefahren. Er hat sich dann schon ausgekannt, danach hatten wir keine Verabredung mehr.

Hausmädchen bei den Amerikanern

Bald darauf bin ich zur Familie Coat in die Prösslstraße gezogen. Ich war hauptsächlich für die Kinder zuständig. Neben der hübschen Michelle, von der ich so hingerissen war, gab es eine zweite, ältere Tochter, Alice. Beide Mädchen waren lieb und umgänglich. Mrs Coat stammte italienisch ab, sah ein bisschen aus wie Sophia Loren und verstand etwas vom Kochen. Mr Coat arbeitete im Zivilberuf als Journalist und während seiner Zeit als Besatzungsoffizier in München schrieb er an seiner Doktorarbeit. Mit im Haushalt lebte seine Mutter, die „Germany" kennenlernen wollte. Ihr Mann war in Amerika vermisst; nicht im Krieg, sondern aus seinem alltäglichen Leben heraus war er plötzlich eines Tages verschwunden – verunglückt, umgebracht? – und man hat nie wieder von ihm gehört. Zu Thanksgiving übernahm es traditionell die alte Mrs Coat, den Truthahn zuzubereiten, und die junge Mrs Coat, die sich in die Vorbereitungen nicht einmischen sollte oder wollte, schärfte mir ein, aufzupassen, dass ihre Schwiegermutter den Vogel „nicht wieder mit Seife auswäscht!". Sie hat es nicht getan und ich war froh, der feinen alten Dame nicht hineinreden zu müssen.

Erster Geburtstag von Michele Coat. Links ihre Schwester Alice.

Den Coats stand an Personal offiziell nur ein Hausmädchen zu, also ich. Zusätzlich beschäftigten sie aber auch eine Zugehfrau, jene Sophie Gabei, der ich den Job und beinahe einen Verehrer zu verdanken hatte. Ihr

Mann hat viel auf der Pferderennbahn gewettet, war zu erfahren. Die Währung, in der weiteres Personal entlohnt wurde, bestand aus Kaffee und Zigaretten. Beides war auf deutscher Seite als rare Genussmittel und wertvolles Tauschgut heiß begehrt und von den Amerikanern auch für ihr deutsches Personal günstig zu beschaffen. Nicht zuletzt deswegen waren die Amerikaner so beliebte Arbeitgeber. Frau Gabei war mit der Art ihrer Vergütung hochzufrieden.

Kaffee und Zigaretten wurden, wie alle anderen Einkäufe auch, im militäreigenen amerikanischen „PX" bezogen, den man sich – ähnlich wie die heutige „Metro" – als riesiges Verkaufslager vorstellen muss. Mitten im ausgehungerten Nachkriegsdeutschland war hier in hohen Regalen und großen Mengen alles vorrätig, was das Herz begehrte. Es gab schon Einkaufswagen und an der Kasse wurden die Waren in große Jutesäcke gepackt. Den PX durften ausschließlich Militärangehörige nutzen, Deutschen war schon das Betreten streng untersagt. „Sprechen Sie ja kein Wort!" – hat mich Mrs Coat ermahnt. Da war ich ganz still und erwischt wurde ich auch nicht. Es wurde äußerst großzügig eingekauft, die Speisekammer bei den Coats war immer bestens gefüllt. Ich durfte mich nach Belieben bedienen. Besonders geliebt habe ich *pineapple*, Ananas in Dosen, die etwas völlig Neues für mich waren. Oft habe ich mir am Abend noch eine Dose geholt und in meinem Zimmer vertilgt. Lois mochte Nüsse so gern, von denen es alle möglichen Sorten in großen Dosen gab. Und das Waschmittel! Bei uns wurde auch nach dem Krieg noch lange mit Sandseife und dem schon erwähnten „Fiesl" hantiert. Wie wunderbar weiß und duftend wurde die Wäsche dagegen mit dem amerikanischen Waschpulver aus dem großen Henkelkarton!

Die Familie stellte bald fest, dass man sich auf mich verlassen konnte und unternahm in der Folge viele Touren, während ich bei den Kindern blieb. Es war eine sehr schöne Zeit voll gegenseitigen Vertrauens. Abends nahm mich Mr Coat oft mit dem Auto in die Stadt mit und Mrs Coat begleitete ich manchmal in die Kirche. Sie sang im Kirchenchor und nahm Gesangsstunden bei der Frau Rancek, einer Opersängerin aus der Tschechei. Einmal in der Woche kam eine Masseurin ins Haus, und wie selbstverständlich kam auch ich regelmäßig in den Genuss einer Massage. Danach fühlte ich mich immer wie neu geboren! Bei diesen Gelegenheiten habe ich auch alles Mögliche erfahren, Einzelheiten über die Opernsängerin und dergleichen, weil die Masseurin immer gleich weitergetratscht hat, was Mrs Coat ihr beim Massieren erzählte. Es waren

offene, sympathische Menschen. Auch meinen *boy friend* haben sie ge-
mocht und freundschaftlich behandelt. Die junge Mrs Coat war auf den
Tag gleich alt wie der Lois, und ihre Schwiegermutter hatte am gleichen
Tag Geburtstag wie ich. Solche Anlässe wurden gemeinsam gefeiert.

***

Leider war die Dienstzeit von Mr Coat nach einem knappen Jahr zu
Ende und die Familie musste nach Amerika zurück. Mr Coat hat mir
noch ein sehr gutes Zeugnis geschrieben und in seiner Amtsstube hin-
terlegt. Daraufhin hat mich kurz darauf sein Vorgesetzter, Mr Winning,
angefordert. Der aus Irland stammende Dr. Charles D. Winning war als
stellvertretender Landeskommissar ein großes Tier unter den Besatzern
und kontrollierte den damaligen bayerischen Kultusminister Josef
Schwalber. Die Familie hatte eine Villa in der Harthauser Straße, nicht
weit von dem Haus, in dem Coats wohnten, aber viel größer und herr-
schaftlicher. Die Räume waren großzügig, der Garten parkähnlich. Im
Erdgeschoss des Hauses befanden sich ein riesiger Speisesaal, der über
eine Durchreiche mit der danebenliegenden Küche verbunden war. Daran schlossen sich ein nicht minder großes Wohnzimmer und ein kleiner
Salon an. Gleich am nächsten Tag habe ich mich vorgestellt. Außer mir
waren Käthe, eine alte Herrschaftsköchin, der Diener Franz und ein
Chauffeur da. Den Franz leisteten Winnings sich als zusätzlichen Bediensteten, der wie Frau Gabei in der beliebten Kaffee- und Zigaretten-
währung entlohnt wurde. Auch hier nahm man erfreut zur Kenntnis,
dass ich weder an Kaffee noch an Rauchwaren interessiert war und
meine Ration bereitwillig zur Verfügung stellte. Als Gegenleistung
nahm ich gern immer wieder zwei, drei Dosen Ananas, die Käte prob-
lemlos besorgen konnte.

Ich bin vor Ostern 1951 dazugekommen und bekam beim Mittagessen
am Karfreitag gleich einen Eindruck davon, wie es zugeht, in so einem
herrschaftlichen Haus. Das Personal hatte sich gerade zum Mittagessen
an den großen Tisch in der Küche gesetzt. Im Speisesaal nebenan saß das
Ehepaar Winning bei Tisch. Wahrscheinlich gab es Omelette mit Cham-
pignon, ein Gericht, das die Winnings gern aßen, wenn sie allein waren.
Wir essen, es läutet, Franz springt auf, die Köchin springt auf, füllt Teller, Franz serviert. Nicht lang und es läutet wieder, die Herrschaften holen nach, Franz spring auf, die Köchin springt auf, legt Nachschlag auf
die Teller, Franz serviert, es läutet um das Dessert, Franz springt auf …

Ich musste jedes Mal die Tür aufhalten. „Gibt's des aah, dass zwoa Leut' drei Leut' a so dressier'n kinnan", wunderte ich mich. Alle haben gelacht. Die anderen kannten das schon.

Bald darauf reisten Winnings zu royalen Feierlichkeiten nach London. Zwei oder drei Wochen lang herrschte schönste Ruhe und wir atmeten alle auf. Herr Winning war ein umgänglicher, freundlicher Mann. Aber seine Frau war ein böses Weib, das den Haushalt drangsalierte. Sie hatte auffallend schmale Füße, für die sie sich Schuhe maßanfertigen lassen musste. „Hütet euch vor den Gezeichneten!", heißt es in der Bibel. Mit dem Franz hat sie immer geschimpft, weil er ihr zu wenig gespart hat. Dabei fuhr man Bentley, von denen es damals in Deutschland nur drei oder vier gab. Und bei Einladungen und Empfängen war man äußerst großzügig. Gelegentlich wurden Abschiedspartys für Damen aus dem Bekanntenkreis veranstaltet, die nach Amerika aufbrachen. Zwei Butler, Lohnobere, worden zu solchen Anlässen angeheuert. An einen Mordsabschied kann ich mich erinnern, zu dem dreißig Leute eingeladen waren. Auch Abendeinladungen gab es gelegentlich. Bei den Vorbereitungen zu einer solchen Festivität habe ich den Franz einmal dabei erwischt, wie er das feine Porzellan-Service auf der festlichen Tafel im Speisesaal mit einem Lappen nachpolierte, mit dem er schon Tage lang alles Mögliche im Haus gewischt hatte. Ob er noch hineingespuckt hat, weiß ich nicht, aber ich könnte es mir gut vorstellen. „Geh' Franz, des is aber unappetitlich!" – habe ich mit ihm geschimpft; aber das hat ihn nicht beeindruckt und ganz sicher ahnte die Hausfrau nichts von der unvermeidlichen „Rache des kleinen Mannes".

Sonst waren die zwei allein; Kinder hatten sie keine. Frau Winning hat gemerkt, dass ich mich nicht recht wohlfühlte und fragte mich einmal, ob ich lieber in einer Familie mit Kindern arbeiten würde. Bald darauf wurde ich krank und die Ärztin, die auch sah, dass die Arbeit in dem Haus nicht gut für mich war, riet mir zum Wechsel. Erst einmal schrieb sie mich krank und ich fuhr mit dem Rad nach Moos. Als ich wieder nach München kam, hatte Frau Winning schon für Ersatz gesorgt. Weil mir in Abwesenheit gekündigt worden war, musste sich die Arbeitsvermittlung um eine Weiterbeschäftigung für mich kümmern. Während ich auf die nächste Anstellung wartete, habe ich eine leerstehende Wohnung im Stadtteil Bogenhausen, ganz in der Nähe vom Maximilian-Denkmal gehütet. Ich musste da sein, wenn jemand zum Besichtigen kam, und um mein Essen musste ich mich selber kümmern. Aber ansonsten war ich frei zu tun und lassen, was ich wollte, während der Lohn weiterbezahlt wurde. Die neue Familie, die schließlich einzog, hatte schon ein Mädchen und ich wurde in eine andere Stelle vermittelt. Mein neuer Arbeitgeber war Spieß polnischer Herkunft. Er wohnte in einem Viertel mit Mietshäusern in Obermenzing, die Hitler vor dem Krieg hatte bauen lassen. Hier waren weniger privilegierte Schichten von Besatzungspersonal untergebracht. Die Familie hatte einen verhaltensauffälligen Jungen, mit dem ich leidlich gut zurechtkam, so wie ich mit Kindern immer gut zurechtgekommen bin; aber leicht war es nicht. Die Familie fand Gott-sei-Dank bald etwas Größeres und zog um, während ich noch eine Weile allein im Haus blieb. Als nächstes zog ein „Neger" ein, wie man damals selbstverständlich sagte. Er hatte eine blonde deutsche Geliebte, die offiziell seine Haushaltshilfe war. Also waren meine Dienste auch hier nicht vonnöten. Ich zog weiter nach Ramersdorf, nicht weit weg von da, wo Hilde und Ernst wohnten, zu Major Baskins, der seine Wohnung in einem Mehrparteienmietshaus hatte. Seine Frau stammte deutsch ab, er war Amerikaner und die beiden hatten zwei Töchter. Wir haben uns gut verstanden. Einmal habe ich gehört, wie sie einer Freundin ganz begeistert erzählte, wie gut ich bügeln könne. Einen ganzen Schrank voll Bügelwäsche hatte sie, den ich nach und nach abarbeitete.

Baskins waren meine letzte Stelle in München. Von dort weg habe ich geheiratet. Die Zeit und Erfahrung bei den Amerikanern möchte ich nicht missen. Ich habe viel gelernt, und meist ist man freundlich und respektvoll mit mir umgegangen.

1952 – 2000

In guten und in schweren Zeiten ...

Franziska und Lois bei ihrer Hochzeit im März 1952

1952 habe ich den Lois geheiratet. Die Hochzeitsfeierlichkeiten fanden im Gasthaus Salzberger statt. Der Wirt war eine Kundschaft, das musste bei der Wahl des Lokals natürlich berücksichtigt werden. Die Hochzeit war am 25. März, einem Karfreitag, weil Pfarrer Seitz am Karsamstag keine Ehe schließen wollte. Samstag hätte natürlich für alle besser gepasst, aber der Seitz war da streng. Und viel später wollten wir es nicht werden lassen, weil für Juli mein erstes Kind ausgezählt war. Eigentlich hatten wir für den Abend eine kleine Tanzerei veranstalten wollen, aber das hat der Wirt wegen der Fastenzeit nicht zugelassen. Also gab es nur ein Hochzeitsessen in der Wirtschaft. Mein Schwiegervater hatte einen

Bus organisiert, mit dem Verwandte und Bekannte aus Eichendorf nach Moos gekarrt wurden. Ich kannte die meisten gar nicht und überhaupt war mir das ganze Fest zuwider.

Von meiner Seite waren nur die wenigen Verwandten aus Buch da. Dabei hat es meine Mutter nicht bis in die Wirtschaft geschafft. Als wir nach der kirchlichen Trauung in der Isarhofener Pfarrkirche erst noch beim Bartl in der Stube saßen, hat mein frisch gebackener Ehemann meiner Mutter noch vor dem Mittagessen ein Schnapsl nach dem anderen eingeschenkt, bis sie einen handfesten Rausch hatte. Statt zum Hochzeitsmahl ist sie ins Bett gegangen und hat das Fest verschlafen.

***

Lois und ich wohnten jetzt auf dem Bartlhof. Auch auf dem Land verbesserten sich nach dem langen Kriegs- und Nachkriegselend die Lebensumstände nun zusehends. Der Wiederaufbau der zerbombten Städte war schon länger in vollem Gange; es herrschte Aufbruchstimmung. Überall gab es zu tun und Handwerker waren gefragt wie nie zuvor. Da lag es nahe, etwas Eigenes anzufangen. Meine Schwiegermutter, die Näherin war, hatte ihrem Sohn ein Darlehen von einem Bauern vermittelt, wo sie in die Ster gegangen ist. Die Idee mit dem Geschäft stammte von meinem Schwiegervater, deswegen meinten seine Leute wohl, sich auch dafür engagieren zu sollen. Mit den 3000 Mark Startkapital aus dem Darlehen richtete mein Mann im alten Kuhstall eine Werkstatt ein und gründete ein Geschäft: Spenglerei und Installation. Als Handwerker war er tüchtig. Kaufmannssinn fehlte ihm weitgehend. Außerdem litt er an den Nachwirkungen des Krieges. Von dem Bauchdurchschuss, den er in den letzten Kriegstagen noch abbekommen hatte, waren ihm eine Menge Metallsplitter im Körper geblieben. Es ist schon unglaublich, dass er unter diesen Umständen Gefangenschaft und Zwangsarbeit überlebt hatte. Danach verfolgten ihn die Kriegsschäden sein Leben lang. Immer wieder erlitt er schwere Krankheiten. Die Voraussetzungen dafür, ein selbständiges Unternehmen zu führen, waren also denkbar schlecht. Das Geschäft entwickelte sich zäh und mühsam, aber nach und nach etablierte es sich doch und mit der Zeit wurde mein Mann ein angesehener Geschäftsmann im Dorf.

Im Juli 1952 kam der kleine Loisl auf die Welt und zwei Jahre später die Tochter Brigitte. Mit den zwei kleinen Kindern hatte ich im Haus alle

Hände voll zu tun, während der Lois damit beschäftigt war, den Betrieb aufzubauen.

„Und der Müllerbauern-Hans geht aah ab ..."

Nach Buch hatten wir jetzt wenig Kontakt, dafür reichte die Zeit nicht mehr. Außerdem zog es mich auch nicht mehr hin, seit der Hans verheiratet war. Die Geschwister meiner Mutter waren vor der gehässigen Schwägerin geflüchtet. Im Sommer kam keiner mehr auf Urlaub, um bei der Ernte zu helfen. Rundum herrschte Funkstille.

Die Großmutter war noch eine Weile auf dem Hof geblieben, auch wenn sich das Verhältnis zur Schwiegertochter, die mit Kritik und bösen Worten nicht zurückhaltend war, zusehends verschlechterte. Schließlich eskalierte die Lage, als der Hans seiner bigotten Frau, ohne sich viel dabei zu denken, von einer längst zurückliegenden Geschichte erzählte. Während des Krieges war die Magd Amali schwanger geworden. Kindsvater war der aus dem Elsass stammende Ronny, der letzte französische Zwangsarbeiter, der beim Müllerbauern als Erntehelfer zugeteilt war. Bis Amali merkte, dass sie in anderen Umständen war, war die Ernte zu Ende und Ronny wieder abkommandiert. Die Sache war brisant, war es doch bei Strafe verboten, sich mit ausländischen Kriegsgefangenen einzulassen. Weil zwei Brüder von Amali als Knechte auf dem Hiablhof arbeiteten, setzten sich die Neubauers und die Eders zusammen, um zu beratschlagen, was zu tun sei. Seit dem Tod des Großvaters, der mit den Frauen vom Hiablhof immer seine Probleme gehabt hatte, war die Nachbarschaft ganz leger geworden, und so war es naheliegend, gemeinsam zu überlegen, was aus dem Mädl werden soll. Man kam überein, dass sie auf das elterliche Sachl im Bayerischen Wald, wo die Geschwister herkamen, zurückkehren sollte, um dort ohne großes Aufsehen ihr Kind auf die Welt zu bringen. Vater unbekannt. So geschah es dann. Als die frömmelnde Nane von der Sache erfuhr, hat sie sich furchtbar aufgeregt, die Großmutter, die den Plan unterstützt hatte, eine „Hur" ins Gesicht genannt und gedroht, die Angelegenheit zur Anzeige zu bringen. Man konnte sie davon abbringen, aber das Verhältnis zwischen den beiden Frauen war ab da endgültig hin, und die Großmutter zog zum Muckl. So wirtschaftete der Hans allein mit seiner Frau.

Eines Tages hörte man, dass die Nane – noch relativ jung und kinderlos – an einem Krebsleiden erkrankt sei. Ihre Schwester Katharina kam auf den Hof, um ihr auszuwarten. Bevor sie starb, verfügte die Nane, in ihrem Heimatdorf Putting beerdigt zu werden. Sie wollte ihre Grabstätte keinesfalls mit der „Müllerbäuerin, der alten Hur" teilen. So groß war die Liebe in der Schwiegerfamilie!

Ihre Schwester Katl blieb. Sie war alleinstehend und kinderlos und übernahm jetzt wie selbstverständlich den Haushalt für den Hans, der sonst niemanden mehr hatte. Praktischerweise gab es einen Neffen in der Puttinger Verwandtschaft, der gelernter Landwirt war. Auch er war, obschon über dreißig, unverheiratet, und wurde dem Hans als fähiger Mann angepriesen. Ein „Tausendprozentiger", wie alle sagten, bestens geeignet, den Hof zu übernehmen. Katl würde den Hans heiraten und den Haushalt führen. Alles ganz einfach und naheliegend.

Mit diesem Plan, zu dem er selbst kein Zutun hatte, sah sich der Hans nach der Beerdigung konfrontiert. Es war ein gut ausgedachter Plan, an dem die Lehr-Verwandtschaft eisern festhielt. Der Hans wollte nicht. Aber der Druck von der Schwiegerseite war immens. Katl und ihr Neffe scheuten nicht davor zurück, zum Kloster Schweikelberg zu gehen, um den Patres dort anzutragen, sie sollten Einfluss nehmen auf den Hans und die Familie im Sinne des schönen Vorhabens. Hans und Muckl waren oft in Schweikelberg und kannten viele der Mönche gut, die ihnen nun tatsächlich davon sprachen, dass der Hof doch einen kompetenten Nachfolger brauche und der Haushalt eine Frau. Der Hans war eingekreist und sah keine Alternative, aber er wollte immer noch nicht. Ein einziges Argument blieb ihm und daran hielt er fest, wie ein Ertrinkender: Peters regelmäßiger Heimaturlaub aus Amerika stand bevor. Keine Entscheidung sollte fallen, bevor nicht der Bruder da war. „Der Peter stammt auch vom Hof, und der hat auch was mitzureden" – und der Peter war der einzige, den die Lehrs nicht verteufeln konnten, weil sie ihn nicht kannten. Dieses Hindernis konnten sie nicht überwinden und das hat dem Hans Zeit verschafft.

Von all dem wussten wir in Moos nichts. Aber eines Tages kam Nachricht, dass am kommenden Sonntag der Peter aus Amerika eintreffen werde. Den wollten wir natürlich gern sehen, und so stiegen wir am Sonntag mit den noch kleinen Kindern in unseren Ford und fuhren nach Buch. Auf dem Müllerbauernhof war alles still. Draußen war kein Mensch zu sehen, die Stube war leer, von Besuch keine Spur. Dann kam die Katl, die in der Nachmittagsmesse gewesen war, aus der Kirche zurück. Von dem Besuch war sie nicht erbaut. Was wir denn hier machen, fragte sie unfreundlich.– „Wir wollen den Peter besuchen" – „Ja, der Peter, der kommt erst nächste Woch'."

Aha. Wir steigen also wieder ins Auto, und traten den Heimweg an. Vor dem Hiablhof, den wir keine hundert Meter weiter auf der Rückfahrt passierten, saßen die Res und die Luis auf der Bank unter dem großen Nussbaum. Wir hielten an, um den Nachbarinnen Grüß Gott zu sagen. „Den Peter wollten wir besuchen, aber derweil ist er noch gar net da …", erklärten wir, warum wir hier vorbeikamen. Im Verlauf der Unterhaltung sagte dann auf einmal die Res „Sagts, warum kümmert's ihr euch denn net um den Hof?" – „Ja, was soll'n mia uns um den Hof kümmern?" – Ja, wisst's ihr des net? Da herrscht ja der reinste Krieg, wer den Hof bekommt! Der steht euch ja zu!" So standen die Dinge also.

Zurück in Moos berichteten wir, was wir erfahren hatten. Mein Stiefbruder Max, keine zwanzig Jahre alt, hörte aufmerksam zu. Anderntags fuhr er mit seinem neuen Bulldog nach Buch und bot dem Hans an, ihm bei der Ernte zu helfen, die schon in vollem Gange war. Der sagte nicht nein und der Max machte sich gleich tatkräftig ans Werk.

Max wollte Bauer werden, unbedingt. Von seinem Vater hatte er das nicht. Der kümmerte sich um seine Nebenerwerbslandwirtschaft mehr schlecht als recht. Aber der Maxl kam offenbar nach unserem gemeinsamen Großvater. Jung wie er war, hatte er schon die Landwirtschaftsschule in Schweikelberg absolviert und zuhause darauf gedrungen, dass effizienter gearbeitet wird. Erst sorgte er für die Anschaffung eines Zugpferdes und setzte dann so bald wie möglich durch, dass in einen Traktor investiert wurde. Für seinen Ehrgeiz war das Sachl in Moos viel zu klein. Für ihn stand fest, dass er in einen großen Hof einheiraten würde. Da war die Aussicht auf den Müllerbauernhof eine Gelegenheit, die er sich nicht entgehen lassen wollte.

Nach einer Woche war er schon wieder in Moos mit seinem Bulldog. „Des halt i net aus. Das Weibsbild is so bös, des könnt's ihr euch überhaupt net vorstell'n"! Hat ihn die Katl hinausgebissen. Sie hat gleich kapiert, dass der Bub Konkurrenz um den Hof war und war so giftig zu ihm, dass er schnell wieder die Flucht ergriff. Die Vehemenz, mit der sie danach auf den gutmütigen Hans einwirkte, muss unvorstellbar gewesen sein.

Schließlich trafen Peter und Rosi ein, und im zweiten Anlauf kam die geplante Zusammenkunft zustande. Auf dem Müllerbauernhof war es nicht auszuhalten. Die Katl schimpfte und zeterte und störte solange, bis die Familienkonferenz schließlich zum Sieglmüller nach Pleinting verlegt wurde, wo der Muckl hingeheiratet hatte. Die Großmutter hatte er da schon zu sich geholt. Den Hans nahmen wir mit, und zusammen mit dem Peter, seiner Frau Rosi und meiner Mutter waren alle dabei an diesem Nachmittag. Es wurde lange und ernsthaft geredet. Und wir haben gesehen, in welchem Zustand der Hans war. Was er denn jetzt tun soll, hat er ein ums andere Mal gefragt. Wenn er den Hof nicht der Lehr-Seite überlassen wollte, kam als sein Nachfolger nur mein kaum erwachsener Stiefbruder infrage. Wie sollte der mit dem großen Müllerbauernhof fertig werden? „Aber der Neffe, das ist doch ein Tausendprozentiger, und der beherrscht den Hof, und der Max is a junger Bua …". Der Hans konnte nicht anders, als immer wieder die Argumente zu beschwören, die ihm die Gegenseite unablässig vorbetete. Und immer wieder hielt die Familie dagegen, dass die Lehr-Seite doch gar kein Recht hat auf den Hof, und so ist das hin und her gegangen, den ganzen Nachmittag lang.

Als dann am Abend alles hundert Mal gesagt war und niemandem mehr etwas Neues einfiel, beendeten wir das Treffen. Im Hinausgehen sagte die Großmutter zu mir: „Lasst's den Hof geh'n; das packt der Hans net, der geht drauf dabei!". Sie hat verstanden, in welchem psychischen Zustand er war, und dass er das Gezerre nicht mehr lange aushalten würde. Meine Mutter kam dazu und gab ihr recht. Und damit sind wir dann auseinandergegangen: Lassen wir es; das ist es nicht wert, dass der Hans draufgeht wegen dem Hof, das muss nicht sein.

In den Tagen, die folgten, muss es in dem Hans gearbeitet und gearbeitet haben. Die Lehrs haben nicht lockergelassen und beim Hans wirkte nach, was die Familie alles gesagt hatte. Aber die Gegenseite war entschlossen und den Hans hat es zerrissen. Er war ganz auseinander, physisch und psychisch am Ende. Eines Tages war er plötzlich verschwunden und tagelang nicht auffindbar.

Dann ist jemand gestorben im Dorf und die Kirchenbitterin kam von Haus zu Haus und hat eingesagt, wie es der Brauch war: „Der und der ist gestorben, und am Sonntag ist die Leich' (Beerdigung)." Und dann hat sie noch dazugesagt: „Und der Müllerbauern Hans geht auch ab."

Mit diesem Nachsatz hat die Kirchenbitterin unter die Leute gebracht, dass etwas nicht stimmt auf dem Müllerbauernhof. Ohne sie hätten die Dinge stillschweigend ihren Lauf genommen; die Eders hätten kapituliert, der Neffe seiner verstorbenen Frau wäre gekommen und hätte den Hof übernommen, die Katharina das Regiment wie zuvor ihre Schwester, und der Hans hätte sich im besten Fall seinem Schicksal ergeben. So aber waren die Nachbarn alarmiert und haben sich zusammengetan. Der Hiabl Leo und der Neubauer Sepp und der Driesch Franz aus Unterbuch und noch ein paar Männer von den umliegenden Höfen fassten den Entschluss: „Das kann nicht sein, dass das Weibsbild Herr wird. Die hau'n mir jetzt aus!". Geschlossen kamen sie auf den Hof und haben sich vor der Katl aufgebaut: „So, und du schaust jetzt, dass'd weiterkommst!".

Dann haben sie den Hans gesucht und ihn auf dem Heuboden über dem Rossstall gefunden. Unter dem Kleeheu hatte er sich versteckt, ganz hinten in einer Ecke. Sie haben ihn zum Peter hinüber nach Daxlarn gebracht. Der hat sich ein Auto geliehen und kam nach Moos, um mir zu sagen, dass ich kommen müsse. Es war Sonntagabend gegen neun, als er in der Tür stand und kurz erzählte, was passiert war. Ich habe ein paar Sachen eingepackt und meine beiden Kinder aus dem Bett geholt. Dann hat mich mein Mann nach Buch gefahren, wo um den großen Tisch in der Stube noch die Männer aus der Nachbarschaft saßen, um die Katl gleich wieder auszuhauen, wenn sie sich noch einmal auf den Hof trauen sollte. Der Max kam anderntags wieder mit seinem Bulldog hinterher und hat die Ernte fertig eingebracht. Ich übernahm den Haushalt. Der Hans ist vierzehn Tage in Daxlarn geblieben und war anfangs gar nicht ansprechbar. Der Peter und die Rosi waren erst noch da und kümmerten sich um ihn. Nach einer Weile fing er an, gelegentlich herüberzukommen, zu Fuß über den Hügel der zwischen Daxlarn und Buch liegt. Wir haben dann ein wenig geredet und ich habe ihm immer etwas Gutes gekocht. Irgendwann hat er gesagt, „Der Hund und i samma ausg'füttert. Jetzt mög'ma nimmer alles." Er mochte wieder dableiben und es ging ihm schön langsam wieder besser. Aber immer noch fragte er mich ein ums andere Mal: „Ja glaubst denn du, dass der Bua mit dem Hof fertig wird?" – Ganz sicher konnte ich mir da natürlich auch nicht sein, aber weil ich keine andere Lösung sah, antwortete ich: „Ja, Hans, davon bin ich schon überzeugt, weil wenn ich das nicht glauben würd', würd' ich dir nicht zureden." Peter hat in dieselbe Kerbe gehauen. „Der Hof gehört zu uns, die haben hier nichts verloren. Nicht einmal eingraben lassen wollt' sich die Nane hier. Wozu solltest Du ein schlechtes Gewissen haben? Du bist denen gar nichts schuldig." Und es stimmte, dass die Katl alles, was die Nane mit in die Ehe gebracht hatte auf den Kammertwagen packte und abholen ließ, nachdem die Nachbarn sie aus dem Haus gewiesen hatten.

So ist der Hof allen Widerständen zum Trotz in der Familie geblieben. Und wenn wir nicht versehentlich eine Woche zu früh nach Buch gefahren und zufällig den Hiabl-Schwestern begegnet wären, dann hätten wir von der ganzen Sache nie erfahren und der Hof wäre sang- und klanglos dem „tausendprozentigen" Neffen überschrieben worden. Und wenn die Kirchenbitterin nicht verbreitet hätte, dass der Müllerbauern Hans verschwunden ist, ja, wer weiß, was mit ihm passiert wäre.

Damit war aber immer noch nicht klar, was aus dem Hof werden soll. Als der Hans wieder zu Hause war und ich den Sommer und Herbst über mit meinen Kindern im Haushalt aushalf, habe ich geschaut, dass der Max den Hof bekommt. Einfach war das nicht für den Hans. Er kannte meinen Stiefbruder praktisch nicht. Ich bin auf dem Hof aufgewachsen und habe dazugehört, aber der Max hatte mit der Familie seiner Mutter nie viel zu tun gehabt, er war fremd, jung und unerfahren. Das einzige Argument, das den Hans für den jungen Kerl einnahm, war die Ausbildung an der Landwirtschaftsschule, auf der der Hans auch selbst gewesen war. „Ja glaubst denn du, dass der Bua dem Hof Herr wird?" – fragte er mich immer wieder? "Hans, schau her, er hat die Landwirtschaftsschule gemacht. Und die hätt' er nicht gemacht, wenn er kein Interesse hätt'. Er gerät dem Großvater nach." So habe ich viel an den Hans hingeredet und ihn nach und nach überzeugt, es mit dem Maxl zu versuchen.

Als er schließlich einwilligte, wurde alles getan, um rasch klare Verhältnisse zu schaffen. Der Hans hat dem jungen Max den Hof überschrieben. Als einzige Gegenleistung hat er sich Wohnrecht auf Lebenszeit und fünfzig Mark Taschengeld im Monat ausgenommen. Sonst hat der Hof, der meine Heimat war, meinen Stiefbruder nichts gekostet.

Gedankt hat er es mir nicht. Von mir hat auch sonst kein Mensch etwas gesagt. Schließlich habe ich ihn selbst angesprochen: „Ja Max, was ist jetzt eigentlich mit mir? Ich habe mir die Zunge herausgeredet, dass du den Hof bekommst; jetzt bekommst ihn, und was hab' ich davon?" – „Ja", hat er gesagt, „was verlangst' denn?" – „10.000 Mark schon." – „Des is mir recht.", erwiderte er überraschend entgegenkommend. Wenn ich mich nicht zu Wort gemeldet hätte, wäre ich schlicht übersehen worden. Weil so viel flüssiges Geld nicht da war, sollte ich als Kompromiss mit dem Bartl-Hof abgefunden werden. Aber der unerfahrene Max hatte die Rechnung ohne seinen sturen Vater gemacht. Als der Termin beim Notar war, um die Übergabe schriftlich zu machen, hatte man sich die Sache anders überlegt und eine Einigung schien plötzlich wieder in weiter Ferne. Wohl eine Stunde lang saßen alle da, ohne ein Wort zu reden. Schließlich meinte der Notar: „Jetzt muss mal was auseinandergehen!" Ich sagte dann: „Also, Max, das machen wir jetzt so: ihr könnt's euch euer Haus behalten. Du gibst mir die 10.000 Mark, die du mir versprochen hast, und ich bau dann, und so verbleiben wir jetzt." Das hat dem alten Gust auch nicht gepasst. 10.000 Mark waren zu der Zeit viel Geld, das Vielfache von heute, und so hat er dann nachgegeben. Ich habe Moos überschrieben bekommen und dem Max gehörte der Müllerbauernhof.

Noch im selben Jahr sind meine Mutter und mein Stiefvater zu ihm nach Oberbuch gezogen und ich bin mit meinen beiden Kindern wieder nach Moos zurückgegangen, wo mein Mann alle Hände damit zu tun hatte, seinen Handwerksbetrieb auf feste Beine zu stellen. Einen Baugrund, den wir schon gekauft hatten, verkauften wir wieder, um mit dem Geld den Hechlhof zu renovieren und zu einem Handwerksbetrieb umzubauen.

Das große Los?!

Bald darauf haben meine Schwiegereltern ihr Vermächtnis geregelt. Als ältestem Sohn überschrieben sie meinem Mann das Elternhaus in Eichendorf. Für Außenstehende muss das ausgesehen haben wie ein Hauptgewinn in der Lotterie: Gleich zwei Immobilien, die uns im Laufe eines Jahres zugefallen sind. Was niemand wusste, war, wie sehr uns der Unterhalt dieser beiden Häuser belastet hat. Das Haus gehörte jetzt meinem Mann und damit waren wir zuständig für alle Kosten, die damit zusammenhingen. In einem Vertrag wurde seinen Eltern ein monatlicher Unterhalt und lebenslanges Wohnrecht zugeschrieben. Eine Menge Renovierungswünsche gab es. Nicht zuletzt sollte auch jemand für das Wirtshaus da sein, das mein Stiefvater im Erdgeschoss des Hauses betrieb, seit er Rentner war. Gerne hätte ich auf das Haus und die damit einhergehenden Verpflichtungen verzichtet.

Kaum, dass ich im Herbst 1959 nach der Übersiedlung der drei Bartls auf den Müllerbauernhof den Haushalt dort an meine Mutter übergeben hatte, zogen wir über den Winter nach Eichendorf, um vor Ort für Schwiegereltern und Anwesen da zu sein. Mein Mann fuhr jeden Morgen nach Moos in den Betrieb und kümmerte sich nebenher darum, dass die notwendigsten Sanierungsmaßnahmen an dem alten Bauernhaus erledigt wurden. Wenn er am Abend wiederkam, half er oft noch im Wirtshaus. Das alles war eine rechte Zerreißprobe, das Verhältnis mit den Schwiegereltern nicht zum Besten. Ich war gottfroh, als wir Anfang 1960 wieder nach Moos übersiedelten, um dort endgültig zu bleiben.

Ende 1961 wurde mein drittes Kind geboren, ein Mädchen, das wir nach meiner Tante Katl „Katharina" tauften. Die Kinder wuchsen heran, die Arbeit ging nicht aus. Über die Jahre haben wir den alten Bauernhof aus- und umgebaut, aus einem Teil des Viehstalles wurde ein Badezimmer, der Rest des Stalls wurde zum Materiallager umfunktioniert, statt oberer Stube gab es jetzt ein Wohnzimmer im ersten Stock, anstelle der unteren Stube ein Büro. Dann bauten wir gegenüber dem Wohnhaus eine Werkstatt mit Büroräumen, und das Materiallager zog in die alte Werkstatt. In den freiwerdenden Raum kam die Küche und aus dem ehemaligen Büro wurde ein Wohnzimmer, und so ging das immer weiter. Jeder Raum im Haus (außer das Bad) beherbergte irgendwann einmal die Küche, so dass irgendwann in jedem Raum (im Bad sowieso) ein Wasseranschluss lag.

Gleichzeitig gab es einen Handwerksbetrieb zu führen. Die Auftragslage war gut in diesen 50er, 60er und 70er Jahren des letzten Jahrhunderts. Während seiner Zeit in München hatte Lois die Meisterschule besucht und später in Passau vor der Handwerkskammer die Prüfung abgelegt. Insgesamt 35 Lehrlinge bildete er als Meister aus. Alle Gesellen, die im Betrieb arbeiteten, hatten hier gelernt. Immer wieder machten sich in diesen arbeitsreichen Jahren die Nachwirkungen der Kriegsgefangenschaft bemerkbar. Schon bald lebte eine Malaria wieder auf, die er sich im Krieg geholt hatte. Dann bekam er Halsschmerzen, die nicht mehr aufhörten. Bei einem Zahnarztbesuch fragte er seine Zahnärztin, woher das denn kommen könne. Sie riet ihm, umgehend zum Arzt zu gehen. Beim nächsten Termin bei ihr, eine Woche später, fragte sie nach, was denn der Kollege Schmidt gesagt habe. – Für einen Besuch beim Arzt habe er noch keine Zeit gehabt. – „Dann brauchen Sie zu mir auch nicht mehr kommen!" Das gab ihm zu denken. Der empfohlene Arzt, bei dem er sich ein paar Tage später vorstellte, schickte ihn gleich ins Krankenhaus. Die Diagnose lautete Krebs an den Mandeln. Von Rosenmontag bis Ostern 1969 brachten zwei Gesellen aus dem Betrieb meinen Mann jeden Tag in das 50 Kilometer entfernte Passau, wo er jeweils für eine Viertelstunde mit Kobalt bestrahlt wurde. Nur einmal war die Behandlung für zwei Wochen ausgesetzt, in denen er eine Lungenentzündung ausheilte. Die Therapie zehrte. Wenn er nach Hause kam, musst er sich hinlegen. Schließlich sollte der Krebs operiert werden. Zwei Tage vor dem Termin waren Radiologen aus München in der Klinik und stellten fest, dass der größte Teil des Tumors schon verschwunden und eine Operation nicht mehr erforderlich war. Mein Mann wurde noch eine

Weile bestrahlt und nach Ostern war alles weg. Die Strahlen haben seine ganze linke Gesichtshälfte verbrannt, so dass er ein Loch in der Wange hatte, über dem sich nach und nach ein dicker Schorf bildete. Auf der neugebildeten Haut wuchs nie mehr ein Bart. Die Speicheldrüsen waren beschädigt. Außerdem waren seine Geschmacksnerven zerstört. Irreversibel, hieß es, was sich glücklicherweise als falsch erwies. Er konnte nur noch Flüssiges zu sich nehmen und verlor rapide an Gewicht, bis er nur noch Haut und Knochen war. Aber der Krebs war auch verbrannt. Ich kam dann auf die Idee, ihn mit Babybrei zu füttern, von dem er sich das ganze folgende Jahr lang ausschließlich ernährte. Schließlich begannen die Geschmacksnerven sich zu regenerierten und die Speicheldrüsen arbeiteten allmählich wieder. Bis 1973 normalisierte sich sein Zustand einigermaßen und er konnte wieder ins Wirtshaus gehen. Das half auch.

Während dieser ganzen Zeit führte er das Geschäft vom Krankenbett aus. Neben Krankenpflege, Haushalt und drei Kindern habe ich mich derweil, so gut ich konnte, auch in den Betrieb hineingefuchst. Zeitgefühl hatte ich keines mehr. Ostern oder Pfingsten, Werktag oder Sonntag, das war alles eins. Für das, was um mich herum vorging, hatte ich keinen Sinn und keine Wahrnehmung. Im Fernsehen war zu verfolgen, wie aus der Studentenbewegung der 1960er Jahre der Terrorismus der Roten Armee Fraktion entstand. Ich habe überhaupt nicht verstanden, was die 68er eigentlich wollten. Die Kriegsgeneration war froh, dass die schlechte Zeit vorbei war. Die jungen Leute, die jetzt zu Protest und Schlimmerem aufriefen, hatten das ja alles gar nicht miterlebt.

***

Ab Pfingsten wurde es langsam besser. Lois freute sich darüber, dass wir mit einer seiner Schwestern und ihrem Mann ein paar Tage nach Italien fahren konnten. Aber die Serie an Krankheiten riss nicht ab. In den folgenden zehn Jahren hat er sich einmal das Bein gebrochen und einmal ein paar Rippen. Viermal ist er am Darm operiert worden. Gallen- und Nierensteine verursachten Koliken und wurden teils operiert, teils zertrümmert. 1985 hatte er einen Herzinfarkt, der ihn sechs Wochen im Krankenhaus hielt und vier Wochen in Reha. Als er wieder heimkam, war er anfällig und kränklich. Bald darauf erlitt er einen Schlaganfall. Er konnte nicht mehr sprechen und essen. Es dauerte sehr lange, bis er sich einigermaßen erholte, aber ein sonderbares Kältegefühl am ganzen Körper, das kein Arzt erklären oder heilen konnte, blieb. Eigentlich war er krank, solange ich ihn kannte. Im Winter litt er unter einem Hautjucken am ganzen Körper. Ein Arzt verschrieb ihm ein Hautöl, das ganz gut half. Aber mit dem kleinen Fläschchen aus der Apotheke kam er nicht weit. Mir fiel ein, dass in der Kammer noch eine große Flasche Glycerinöl stand, die Coats bei ihrer Abreise hinterlassen hatten. Damit hat er sich am ganzen Körper eingeschmiert. Mit einem alten Leintuch um die Hüften saß er wie ein Buddha den Abend lang vor dem Fernseher, bis das Öl eingezogen war. Das hat dann für fünf oder sechs Wochen geholfen.

Wenn er nicht arbeitete oder im Krankenbett lag, hielt er sich im Wirtshaus auf. Nach seinem Dafürhalten war es für den Betrieb unerlässlich, sich in den Gasthäusern des Dorfes sehen zu lassen. Die Wirte waren schließlich auch Kunden und am Stammtisch trafen sich die Geschäftsleute, mit denen er sich gut stellen wollte, um als Installateur empfohlen zu werden. Netzwerken sagt man heute dazu. Es fiel ihm nicht schwer. Nach den harten Jahren in Russland genoss er es, mit Freunden im Wirtshaus zu sitzen und bei ein paar Halben Bier die Schrecken des Krieges und die Tortur im Steinbruch zu vergessen. Als lustiger und großzügiger Mann war er bei jedem beliebt und der Stammtisch wurde ihm zur zweiten Familie. Wenn er um neun oder zehn nach Hause kam, waren die Kinder im Bett und ich hatte mir den Abend allein mit einem der Bücher vertrieben, die ich nun regelmäßig beim „Bertelsmann Lesering" bestellte.

Einmal, da waren die Kinder schon groß, ist mir die Hutschnur gerissen. Es war in dem Winter, als er sich das Bein gebrochen hatte. Der Fasching war in seiner heißen Phase. Am Freitagabend ging mein Mann mit seinem Gipsbein ins Wirtshaus und kam nicht wieder. Draußen lag Schnee, er war zu Fuß mit Krücken unterwegs. Vor meinem geistigen Auge sah ich ihn schon erfroren im Straßengraben liegen. Gegen Mitternacht kam mein Sohn vom Feiern nach Hause. „Geh doch Richtung Schlosswirtschaft und schau, wo der Vater bleibt", – bat ich ihn. Er ging und blieb – getreu dem Motto „schickt der Herr den Jockl aus …" auch verschwunden. In den frühen Morgenstunden kamen sie beide Arm in Arm nach Hause gewankt. Anderntags war mein Mann ziemlich krank. Ich war stocksauer.

Mein Sohn war jung und steckte das weg. Außerdem war am Abend Fußballerball in der Schlosswirtschaft, eine der beliebtesten Veranstaltungen der Saison, zu der gerne auch Gäste von außerhalb kamen. Die Vorbereitungen der Clique junger Leute – verkleiden, vorfeiern – fanden wie oft bei uns statt. Mein Mann lag auch am frühen Abend noch malad im Bett. Ich traf meine eigenen Vorbereitungen. Mein Sohn war mein Verbündeter; er schuldete mir schließlich was. Die Clique schob ab Richtung Ballsaal, mein Sohn blieb zurück, angeblich um noch auf eine Freundin aus München zu warten. Währenddessen hatte ich mir eine schwarze Strumpfhose und darüber einen schwarzen Turnanzug angezogen, eine dunkle Feinstrumpfhose mit drei Löchern drin über den Kopf gezogen und eine Filzkappe mit roten Samthörnern darübergestülpt. Zuletzt band ich mir einen rotsamtenen Teufelsschwanz um die Hüften. Requisiten waren in einer großen Kiste auf dem Speicher genug da. Ohne mich bei meinem Mann zu verabschieden, folgten der junge Lois und ich ein wenig verspätet der Faschingsgesellschaft ins Gasthaus. Vorgestellt wurde ich als eine Studienkollegin meines Sohnes. Ich genoss den Abend in vollen Zügen und musste mich sehr ärgern, als die Jury vor lauter Neugier „mit Rücksicht auf die vermummten Masken, die sicher fürchterlich schwitzen…" die Maskenprämierung um eine Stunde vorzog. Ich war ja noch lange nicht fertig und es hatte so Spaß gemacht, mit den Fußballerfreunden meines Sohnes, den Mitarbeitern aus dem Betrieb, den Stammtischbrüdern meines Mannes und vielen anderen meinen Schabernack zu treiben, die sich alle wunderten, warum diese unkenntliche Fremde sie wohl zum Tanzen aufforderte.

Das war eine seltene, vielleicht die einzige, Gelegenheit, bei der ich es meinem Mann in gleicher Münze „heimgezahlt" habe. Zu den „wichtigen" Faschingsveranstaltungen wie dem Fußballerball und dem Schützenball gingen wir sonst gemeinsam. Bei den vielen anderen Anlässen, im Wirtshaus zu hocken, bin ich normalerweise lieber daheim geblieben und habe gelesen.

Aus der Stammtischrunde bildete sich über die Jahre ein fester Freundeskreis heraus, der manchmal zusammen auf Reisen ging. Niemals waren wir zwei Wochen am Stück im Urlaub, aber als die Kinder größer wurden und dann ganz aus dem Haus waren, haben wir uns Busfahrten angeschlossen, die von dem einen oder anderen Verein im Dorf organisiert waren, oder unternahmen private Ausflüge mit der Clique. Auf diese Weise kamen wir nach Italien, Südtirol, Frankreich und ins Rheinland. Einen der Freunde, der seinen Wurzeln nachgehen wollte, begleiteten wir nach Schlesien und persönliche Kontakte eines anderen lockten uns zu Weinfesten in die Pfalz. Manchmal fuhren mein Mann und ich auch allein oder mit unserer Jüngsten für ein paar Tage in die Berge. Diese Reisen habe ich in guter Erinnerung. Fern ab von Geschäft und Alltagssorgen haben wir uns dann wieder nah gefühlt.

Die Kinder gingen alle drei auf's Gymnasium, machten Abitur und studierten. Mein Mann wäre gern Lehrer geworden. Bei guter Begabung hätte er Anfang der Dreißigerjahre unter den Nazis auch ohne Weiteres auf die höhere Schule gehen können. Aber mein Schwiegervater hat es als eingefleischter Sozialdemokrat kategorisch abgelehnt, nationalsozialistische Förderung in Anspruch zu nehmen. So wurde aus dem Traum nichts. Dafür stand aber fest, dass sein Sohn studieren durfte, und für die Töchter galt am Ende „gleiches Recht für alle".

Wenn man die schweren Zeiten abzieht, bis sich unsere wirtschaftlichen Verhältnissen stabilisierten, und wenn man die langen Jahre wegrechnet, die von Krankheit und späteren Schicksalsschlägen geprägt waren, dann bleiben von den 49 Ehejahren, die ich mit meinem Mann bis zu seinem Tod verlebt habe, insgesamt vielleicht zehn Jahre, die leicht und gut waren. Unser Sohn übernahm den Betrieb in den späten 80er Jahren. In den 90ern wurde mein Mann wieder krank und nachdem ich ihn fast zehn Jahre gepflegt hatte, starb er ganz unerwartet in einer kurzen Phase, in der es ihm überraschend gut gegangen war. So gut, dass ich einen Besuch bei meiner Tochter im Rheinland wagte. Sie hatte ein halbes Jahr zuvor unsere jüngste Enkelin zur Welt gebracht, und es war mir ein Anliegen auch zu diesem Kind, das so weit weg von uns aufwuchs, eine Verbindung zu bekommen. Am Valentinstag 2001, einem milden und sonnigen Sonntag im Februar, starb mein Mann an Herzversagen. Man fand ihn mit einer Gartenschere in der Hand im hinteren Teil des Gartens bei den Schneeglöckchen, wo ihm das Herz versagt hatte.

Seit 2014

Und das Leben geht weiter

Es gibt genügend Familienmitglieder, die von den schwierigen Jahren, die folgten, erzählen können, so dass ich das hier nicht tun muss. Nach dem letzten und schwersten dieser Ereignisse folgte ich mit 88 Jahren der Einladung meiner jüngsten Tochter und zog zu ihr ins Rheinland. Ich schätze mich glücklich, dass ich bei ihr und meinem Schwiegersohn und meiner Enkelin einen ruhigen Lebensabend verbringen darf. Bei ungebrochener Klarheit des Verstandes und weitgehender körperlicher Gesundheit mache ich mich nützlich, so gut ich kann. Weil mir eine Arthrose in der Hüfte das Gehen und Stehen beschwerlich macht, bügle ich im Sitzen; das geht sehr gut. Die Hüfte lasse ich jetzt nicht mehr „machen", auch wenn alle sagen, so ein neues Hüftgelenk sei doch heute gar kein Problem. Die Augen werden schlechter, so dass ich zum Lesen eine Lupe brauche. Aber auch wenn das mühsam ist, bin ich froh, dass ich immer noch lesen kann. Die Beschäftigung mit anspruchsvollem Lesestoff hält die grauen Zellen frisch und die Lektüre der Tageszeitung sorgt dafür, dass ich immer noch mitreden kann über das, was los ist in der Welt und beim FC Bayern. Wenn ich die Zeitung mehr oder weniger gründlich gelesen habe, bin ich froh, dass ich nicht mehr jung sein muss, in dieser Welt.

Immer wieder werde ich gefragt, wie ich es geschafft habe, so alt zu werden und dabei so gesund zu bleiben. Zuletzt von einem jungen Arzt, mit dem ich dieses Frühjahr einmal zu tun hatte. Er war sehr nett und so habe ich es mir verkniffen zu sagen, dass das bestimmt daran liegt, dass ich Ärzte nach Möglichkeit meide, wie der Teufel das Weihwasser. Bestimmt habe ich Glück gehabt und „alte Gene" geerbt. Meine Mutter ist zwar mit 71 relativ jung gestorben, aber ihre Geschwister wurden alle älter als 80 und auch mein Vater war über 90, als er starb. Trotzdem bin ich überzeugt davon, dass jeder sich auch selbst um seine Gesundheit kümmern kann und muss. Nachdem die Kinder aus dem Haus waren und meinen Mann und mich das Geschäft nichts mehr anging, fing ich damit an, mich fit zu halten. Das ist jetzt schon vierzig Jahre her. Vielleicht ärgerte ich mich über das eine oder Kilo, das immer mal wieder hängenbleibt, wenn man älter wird. Jedenfalls habe ich irgendwann meine Freundin Lina dazu überredet, regelmäßig mit mir spazieren zu gehen. Jahrelang drehten wir jeden Abend und bei jedem Wetter immer die gleiche Runde ums Dorf herum. Eine Stunde waren wir immer unterwegs. Die Bewegung und die frische Luft taten gut und es war so schön, bewusst zu erleben, wie sich über's Jahr mit jedem Tag die Natur verändert und Frühling in Sommer übergeht, Sommer in Herbst und der in den Winter, bis alles wieder von vorne beginnt.

„Nie mehr krank sein", lautete der Titel eines Buches, in dem der amerikanische Arzt Robert Jackson seinen Weg vom übergewichtigen, chronisch kranken zum sportlichen und gesunden Menschen beschreibt. Es fiel mir eines Tages in die Hände und ich sah mich darin bestätigt, was zum Beispiel über Ernährung darin zu lesen ist: Man müsse nicht unbedingt frühstücken, hieß es da unter anderem. Und: Esst Obst und Gemüse und nicht so viel Fleisch! Heute sind das Binsenweisheiten, aber das Buch wurde 1958 geschrieben, als man in Deutschland unter „guter Ernährung" noch eine möglichst kalorienreiche Kost verstand. Das Buch hat mich sehr beeindruckt. Es war nicht schwer, mich davon leiten zu lassen, weil ich noch nie viel zu essen brauchte und Obst immer schon meine Leidenschaft war. Ich esse, wenn ich hungrig bin und trinke, wenn ich durstig bin. So einfach ist das.

Neben den abendlichen Spaziergängen mit der Freundin, fing ich an, morgens die vom Autor beschriebenen gymnastischen Übungen nachzuturnen. Mit der Zeit entwickelte ich ein ganzes Gesundheitsprogramm, das ich bis heute praktiziere. Noch im Bett schrubbe ich mit einer harten Bürste Arme, Beine, Bauch und Rücken. Das regt die Durchblutung an und macht wach. Nach diesen Bürstenmassagen bin ich regelrecht süchtig. In der Dusche stelle ich dann eine Wanne kaltes Wasser parat, in die ich mit den Füßen hineinsteige, nachdem ich mir Gesicht, Arme und Brust mit heißem Wasser gewaschen habe. Während der Kontrast des kalten Wassers seine Wirkung tut, rudere ich mit den Armen, dehne und strecke mich, und atme tief in den Bauch hinein. Tiefenatmung ist ein wunderbares Mittel in allen Lebenslagen, um wach zu werden oder leichter einzuschlafen, um sich zu beruhigen oder einen klaren Kopf zu bekommen. Man kann es überall tun und es kostet nichts.

Wenn meine Kneippkur zu Ende ist, trockne ich mich ab, ziehe mich an, öffne das Fenster und mache meine Übungen. Danach bin ich frisch für den Tag. Am Sonntag verzichte ich meistens auf die Prozedur, die alles in allem eine gute Stunde dauert. Dann bleibe ich gern einfach faul im Bett liegen, denn „am siebenten Tag sollst du ruhen"! Meine Tochter klopft dann immer irgendwann an meine Tür, um zu sehen, ob ich noch lebe.

Im Krankenhaus war ich in meinem ganzen Leben nur zweimal. Als meine Großmutter 1959 in ihrem 90. Lebensjahr starb, still und ruhig, wie sie gelebt hatte, hatte ich eine schwere Gelbsucht und konnte an ihrer Beerdigung nicht teilnehmen. 1971 starb meine Mutter mit 71 Jahren an Krebs, während ich mit einem Frauenleiden ein paar Tage im Krankenhaus lag. Auch bei ihrer Beerdigung konnte ich nicht dabei sein.

Aus den vielen Biografien, die ich über historische Persönlichkeiten gelesen habe – Gräfin Königsmarck war die erste von unzähligen – habe ich auch mitgenommen, dass jeder Mensch, egal wie reich, berühmt oder mächtig, sein Päckchen zu tragen hat. Das relativiert die gelegentliche Melancholie darüber, wie wenig geblieben ist von dem, was ich ein Leben lang gearbeitet und ausgehalten habe. Aber ich bin unendlich dankbar dafür, dass ich das gelassene Naturell und die robuste Gesundheit meiner Großmutter geerbt habe. So konnte ich es immer mit ihrem Motto halten: „Ist von selbst gekommen, wird auch von selbst wieder vergeh'n." Mein größter Wunsch wäre es, meine gute Konstitution und die philosophische Zuversicht, die mich meine Großmutter gelehrt hat, an meine Kinder und Enkel weitergeben zu können.

Inhalt

Zeitfracht Medien GmbH
Ferdinand-Jühlke-Straße 7
99095 Erfurt, Deutschland
produktsicherheit@kolibri360.de